U0040038

LOCUS

LOCUS

Smile, please

smile 158
共感人完全自救手冊
避免感官超載，學會自我修護，全心擁抱「感同身受」的獨特能力
作者：茱迪斯·歐洛芙（Judith Orloff）
譯者：許恬寧
責任編輯：潘乃慧
封面設計：日央設計
校對：呂佳真
出版者：大塊文化出版股份有限公司
www.locuspublishing.com
台北市 105022 南京東路四段 25 號 11 樓
讀者服務專線：0800-006689
TEL：(02) 87123898　FAX：(02)87123897
郵撥帳號：18955675
戶名：大塊文化出版股份有限公司
法律顧問：董安丹律師、顧慕堯律師

總經銷：大和書報圖書股份有限公司
地址：新北市新莊區五工五路 2 號
TEL：(02) 89902588　FAX：(02) 22901658

初版一刷：2018 年 10 月
初版七刷：2023 年 9 月
定價：新台幣 320 元
Printed in Taiwan

The Empath's Survival Guide

Life Strategies for Sensitive People

共感人
完全自救手冊

避免感官超載，學會自我修護，
全心擁抱「感同身受」的獨特能力

Judith Orloff, MD 茱迪斯・歐洛芙
許恬寧——譯

本書獻給科瑞・佛森（Corey Folsom）

目錄

我們天生的同理能力帶來人類最寶貴的特質。

——第十四世達賴喇嘛尊者

第1章 你是共感人嗎？——共感介紹

我從事醫療工作，在美國南加州大學（USC）與加州大學洛杉磯分校（UCLA）接受過十四年傳統醫學訓練。此外，我還有一個身分是「共感人」（empath），在執業的二十多年間，專門治療和自己一樣的高敏感人士（highly sensitive people）。雖然人類的敏感程度呈光譜狀，有的人高，有的人低，共感人就像是一塊情緒的海綿，同時吸收這個世界的壓力與喜樂。我們共感人什麼都感受得到，通常以極端的方式感受，不太有能力在自己與他人之間築起一道牆，也因此經常感到被外界排山倒海而來的刺激壓垮，相當容易碰上精疲力竭與「感官超載」（sensory overload）的問題。

不論是我的職業生涯或個人生活，我都非常熱中於「共感人」這個主題。我研發出特別的策略，處理共感人遇上的挑戰，保護自己敏感的天性，讓敏感盡量是一件好事——敏感帶來的好處太多了！我想和各位分享如何成為身心平衡、活力充沛、幸福快樂的共感人。敏感人要過得好，一定要學會避免吸收來自他人的負能量、身體症狀及壓力。此外，我希望讓各位身邊最親近的人，包括家人、同事、主管、父母、另一半，進一步明白能支持你、與你溝通的最佳方法。本書接下來將帶領大家達成以上目標。

本書要獻給同病相憐的敏感族同胞，協助大家理解並接受自己的天賦。很多時候，這個世界很粗魯、傲慢、無情，以鄙夷的態度對待心思細膩的人。我要挑戰現況，教大家以正確的心態看待敏感，不論身處敏感光譜的哪一邊都一樣。生性敏感不是你的「錯」，各位讀下去就會知道，敏感其實是你最大的優勢。我將利用本書與姐妹有聲書《共感人的基本工具》（*Essential Tools for Empaths*，中文書名暫譯），以及我的共感人工作坊，建立起讓各位找到同伴的支持社群，做真正的自己，好好發光發熱。我想推廣讓人們以敏感為榮的運動。歡迎來到這個充滿愛的園地！各位要懷抱希望，接納自己，擁抱自己的天賦，在共感之旅中充分發揮自身的美好力量。

什麼是共感人？

共感人擁有極度活躍的神經系統，我們的大腦和別人不同，無法過濾與阻絕刺激，造成我們把身邊的正能量與壓力能量同時吸進體內。我們高度敏感，如果說一般人是用五根手指握住外界的刺激，我們是用五十根，是貨真價實的超級反應器。

研究顯示，雖然每個人的敏感程度不同，高度敏感大約占兩成人口。[1]共感人通常被貼上「太敏感」的標籤，老是被念：「別想太多就沒事了。」從小到大，我們並未因為生性敏感而得到呵護，反倒備受屈辱。我們長期感到疲憊，希望遠離這個世界，因為這個世界經常讓我們難以招架。然而今日的我，絕不會用任何東西交換自己的共感能力，共感使我得以感受到宇宙的奧妙，體驗做夢也想不到的熱情。

不過，我並不是從小就過著美好的共感人生，而是歷經千辛萬苦才走到今日。

身為共感人的成長歷程

我和許多具備共感能力的孩子一樣，向來是邊緣人，感到自己像是地球上的外星人，希望回到星辰上真正的家。我還記得自己坐在家中前院，仰望著宇宙，希望太空船會降臨帶我回家。我是獨生女，很多時候都是一個人獨處，沒有可以分享心事的人，也沒人瞭解我，因為似乎沒人像我這樣。我來自一個出了二十五位醫生的大家族，父母都是醫生，他們告訴我：「親愛的，堅強一點，臉皮厚一點。」我不想要臉皮厚一點，也根本不曉得怎樣才能做到。我無法待在人多的購物中心或派對，走進去時原本一切安好，出來時卻會精如果你感到無法融入現今這個世界，那是因為你在世上的任務是創造出更好的世界。

——無名氏

神不振、頭暈目眩、焦慮不安，身體某個部位無緣無故痛了起來。

當時的我並不知道，每個人身體周圍都包著一個精微能量場，散發出來的微光，可穿透並延伸幾英寸（一英寸約二．五四公分），甚至是幾英尺（一英尺約三十公分）。能量場傳遞著資訊，如心情、身體健康或不舒服。我們身處擁擠的場所時，他人的能量場會與我們的能量場重疊。我接收到大量的強烈感受，但完全不曉得那些是什麼，也不知道該如何詮釋。我只感受到人多時會焦慮疲憊，還有最重要的是我想逃離。

我的青少年時代在洛杉磯度過，嗑了很多藥，好讓自己不那麼敏感（我可不建議各位這麼做！）。麻木之後，我就有辦法面對這個世界，和朋友一樣參加派對，逛購物中心。那種感覺太棒了，我鬆了一大口氣！我在個人回憶錄《神奇的第二視覺》（*Second Sight*）中提過，我靠著藥物關掉直覺與共感能力，但後來出了一場差點造成悲劇的車禍。我於凌晨三點開著一輛奧斯汀（Austin）的Mini Cooper，衝下托班加峽谷（Topanga Canyon）一千五百英尺高的懸崖，爸媽差點沒嚇死，把我送去看精神科醫師。

我自然是百般不願意地去看了精神科醫師，但沒想到我的醫生是天使下凡，他是世上第一個幫助我的人。他讓我瞭解，如果要成為一個完整的人，就得全心接受自己的敏感天性，而不是逃離。我開始踏上痊癒之旅，接受自己是一個共感人。由於童年時期的共感與直覺體驗嚇壞我，我在逐漸蛻變成醫師與女人時，有一部分是在學習擁抱共感能力。那些是應該被呵護、培養的寶貴能力，這也是為什麼日後我在擔任精神科醫師和舉辦工作坊時，特別著重於協助共感人士。

沒錯，身為共感人的我們**有可能**發光發熱！共感力是這個世界需要的良藥。

共感體驗

接下來，我們要進一步探索各種共感體驗。各位可以瞭解一下自己是否是共感人，或者身邊有親友、同事具備相關的特質。

首先，具備一般的「同理心」（empathy）和「共感人」（empath）有什麼不同？一般的同理心是指別人遭遇困難時，我們有能力同情對方。別人開心時，我們也會替對方開心。身為共感人，則是指我們的身體真切感受到他人的情緒、能量與症狀，不像多數人通常可以過濾掉那些東西。我們既感受到他人的憂傷，也體驗到他人的喜悅，對他人的講話音調與肢體動作極度敏感，而且聽得見言外之意，接收到以口頭之外的方式與沉默傳達出的訊息。共感人先是感覺到，接著才思考，和過分崇尚理性的社會上多數人相反。共感人與外界並未隔著一層界限，也因此和其他人極度不同；別人幾乎從出生開始，就有辦法保護自己。

心理學家伊蓮．艾融（Elaine Aron）提出「高敏感族」（Highly Sensitive People, HSPs）一詞，而共感人具備所有或部分的「高敏感族」特質，包括易受刺激；需要獨處時間；對光線、聲音、氣味敏感；厭惡人多的地方。此外，高敏感族在度過忙碌的一天後，需要較長的時間才能放鬆下來，因為他們的身體從高度刺激過渡到安定狀態的速度較慢。此外，共感人與高敏感族的另一個共通點是喜愛大自然與安靜的環境。

共感人和高敏感族不一樣的地方，在於共感人的感受又要更進一步。我們感受得到精微能量（subtle energy），也就是東方傳統醫療所說的「夏克提」（shakti，力量）或「普拉納」（*prana*，氣），還把這些能量吸進自己體內，高敏感族通常不會如此。能夠吸收能量的能力，使得共感人以極度深入的方式感受周遭能量。世間萬物都是由精微能量組成的，包含情緒與身體知覺，因此共感人以能量的形式，內化來自他人的感受、痛苦與各種身體知覺，經常無法區分他人與自己的不舒服。此外，有的共感人擁有深刻的性靈與直覺體驗，這一點通常也不會和高敏感族聯想在一起。有的共感人甚至可以和動物、大自然、自己的內在嚮導溝通。不過，高敏感族與共感人並不互斥：你可能既是高敏感族，也是共感人。

各位可以看看自己符不符合以下描述的類型，來判斷自己是否為共感人。

■常見的共感人類型

身體共感人（Physical Empath）：你特別容易感應到他人的身體症狀，還將那些症狀吸收進自己體內，但反過來講，別人的幸福感也能使你活力大振。

情緒共感人（Emotional Empath）：你主要會接收到他人的情緒，有可能變成一塊吸收他人感受的海綿，無論是快樂或悲傷的情緒都會吸收。

直覺共感人（Intuitive Empath）：你能體驗到不尋常的知覺，如超強的直覺、心電感應、夢境傳達的訊息，還能與動植物溝通，或是與靈界交流。以下是幾種直覺共感人的狀態：

- **心電感應共感人（Telepathic Empath）**：在當下接收到關於他人的直覺訊息。
- **預知共感人（Precognitive Empath）**：醒來時或在睡夢中預知未來。
- **夢境共感人（Dream Empath）**：頻繁做夢，會在夢中接收到直覺訊息，靠夢境協助並引導他人過日子。

- **通靈共感人（Mediumship Empath）**：可以接觸到另一個世界的靈。
- **植物共感人（Plant Empath）**：可以感受到植物的需求，與植物的精神連結。
- **地球共感人（Earth Empath）**：感知到地球、太陽系、氣象的變化。
- **動物共感人（Animal Empath）**：聽得見動物說話，能與動物溝通。

共感人分很多種，各有不同的美好感受力。各位可能是以上一至多種類型的共感人。接下來的章節，我也會再談談特殊類型的身體與情緒共感人，例如食物共感人（感受到食物的能量）、人際關係與性愛共感人（能感知到伴侶與朋友的情緒、官能、身體狀況）。各位在學習找出自己的特殊天分時，將發現自己的共感天賦，除了能豐富自己的人生，還能協助他人。

人際溝通類型：內向與外向的共感人

身體共感人、情緒共感人、直覺共感人，各自擁有不同類型的社交風格，以不同方式與世界互動。共感人大都是內向者，但也有外向者，其他共感人則是內外向的綜合體。內向的共感人（我自己就是）極度無法忍耐社交和閒聊，在聚會中比較安靜，也喜歡提早離開。他們通常自己開車來，不和別人共乘，以免感到被困在社交場合，必須仰賴他人才能離開派對。

我喜歡和一、兩位親密好友待在一起，通常不會參加大型派對或聚會。我不喜歡閒聊，也從來沒學會閒聊的技巧。內向者通常如此。一般來說，我有辦法在一群人當中社交兩、三個小時，接著就會感覺接收到太多刺激。朋友曉得我的情況，就算我提早走，他們也不會不高興。

外向的共感人則相反，社交時侃侃而談，互動程度高，也能享受開玩笑的氣氛。外向者有辦法長時間待在社交情境中，不會感到精疲力竭或接收到過度的刺激。

> 許多共感人不喜歡閒聊，
> 聊天使他們感到疲憊。
>
> ——茱迪斯．歐洛芙醫學博士

一個人是如何變成共感人的？

許多因素都會讓一個人成為共感人。有的嬰兒來到世上時，原本就比其他孩子敏銳，那是一種天生的氣質，打從他們出生就看得出來。他們對光線、氣味、碰觸、動作、溫度、聲音特別敏感。此外，我從自己的病患與工作坊成員身上，觀察到某些類型的敏感可能是遺傳。高敏感孩子的爸媽，也可能具備相同的敏感特質。此外，教養風格也有影響。小時候如果被忽視或受虐，成人時期的敏感程度會連帶受影響。我治療過的部分共感人士早期有過創傷，例如身心遭受虐待，或是父母酗酒、憂鬱、自戀。被慈愛家長帶大的孩子，通常會發展出健康的防衛機制，但受虐兒的相關心理機制可能被破壞。這樣的孩子受到成長過程的影響，一般不覺得家人「看見」自己，認為自己在這個不歡迎敏感特質的世上是隱形的。不過一般說來，無論是哪一種情形造就的共感人，他們並未和其他人一樣學會自我保護、抵抗壓力。我們和別人不同的地方就在這裡。亂發脾氣的人、擁擠的人群、噪音、亮光等有害刺激，都能讓我們心煩意亂，因為我們的感官超載閾值非常低，一點點刺激就會引發很大的反應。

共感的科學

目前有不少的科學發現，足以說明為何會有共感體驗。以下是我個人特別感興趣的幾種解釋：

鏡像神經元系統

研究人員發現，人腦中有一群特化的細胞負責同情心，每個人因此能夠感受到情緒，分享他人的痛苦、恐懼、喜悅。共感人由於鏡像神經元特別敏感，別人的感受會深深引發我們的共鳴。這是怎麼回事？外在事件會觸發鏡像神經元。像是另一半難過時，我們也會感到難過。孩子哭泣的時候，我們也會感到傷心。朋友要是快樂，我們也會感到快樂。相較之下，科學上認為心理變態者（psychopath）、反社會人士（sociopath）、自戀者則患有「同理缺失症」（empathy deficient disorder，詳見第五章），也就是他們缺乏同理其他人的能力，背後原因可能是不活躍的鏡像神經元系統。我們必須小心這種人，他們無法給予無條件的愛。[2]

電磁場

第二個相關的共感人科學發現，源自大腦與心都會產生電磁場（electromagnetic field）的概念。「美國心數學院」（HeartMath Institute）指出，這些電磁場會傳送人們的思緒與情緒資訊。共感人可能對這些輸入的訊息特別敏感，容易無法承受。同樣地，地球與太陽的電磁場出現的變化，通常會引發共感人強烈的身體與情緒反應。共感人深知地球與太陽發生的事情影響著人類的心靈與能量狀態。[3]

情緒感染

第三項讓我們進一步瞭解共感人的科學發現是「情緒感染」（emotional contagion）現象。研究顯示，許多人會染上身邊人的情緒，例如醫院病房裡，只要有一個嬰兒嚎啕大哭，就會引發其他嬰兒跟著哭。工作地點如果有一個人大聲表達自己的焦慮，其他工作者也會跟著不舒服。人們一般會感染群體中他人的感受。《紐約時報》（*New York Times*）近日的一篇報導指出，與他人情緒同步的能力是良好人際關係的關鍵。共感人該如何運用這項發現？答案是，在生活中選擇和正面的人待在一起，以免被負能量拖累。此外，朋友過得不順遂時，共感人要特別小心，別讓自己的情緒隨之起伏。本書將傳授各位相關的重要技巧。[4]

多巴胺敏感度增強

第四項發現與多巴胺有關。多巴胺是一種促進神經元活動的神經傳導物質，與愉悅反應有關。研究顯示，內向共感人對多巴胺的敏感程度，一般高過外向者。基本上來講，內向共感人不需要太多多巴胺就能感到快樂。那足以解釋為什麼內向者比較有能力獨處，一個人閱讀與沉思，不太需要派對或其他大型社交活動帶來的外在刺激。相較之下，外向者渴望刺激有趣的活動所帶來的多巴胺，甚至會欲罷不能。[5]

聯覺

第五項發現是神奇的「鏡反射觸覺聯覺」（mirror-touch synesthesia），我對這項發現特別感興趣。「聯覺」是一種神經現象，大腦中出現兩種不同感官的配對，例如聽音樂時會看見顏色或嘗到字詞的味道。具備聯覺能力的名人包括科學家牛頓（Isaac Newton）、音樂人比利・喬（Billy Joel）、小提琴家伊札克・帕爾曼（Itzhak Perlman）。然而，如果是有「鏡反射觸覺聯覺」的人，他們連身體都會感受到他人的情緒與感覺，彷彿那些情緒是他們的。這種現象正好在神經學層面解釋了共感人體驗到的事。[6]

共感影響著生活中哪些領域？

共感的經驗出現在日常生活中以下幾個領域：

- **健康**：許多來我這裡看診或參加工作坊的共感人，在學會幫自己克服敏感天性的實用技能前，都感到精疲力竭、心力交瘁。他們常被診斷罹患了懼曠症、慢性疲勞、纖維肌痛、偏頭痛、慢性疼痛、各種過敏、腎上腺疲勞（adrenal fatigue，倦怠的一種）。在情緒方面，他們可能感到焦慮、沮喪、恐懼發作。我們會在第二章繼續談論相關的主題。

- **成癮：**部分共感人沉溺於酒精、藥物、食物、性愛、購物或其他試圖麻痺自己的行為。暴飲暴食是常見現象，原因是部分共感人無意間靠吃東西來穩住自己。共感人藉由讓自己身上多一層肉來抵抗負能量，很容易過重。本書第三章會再討論比較健康的因應機制。
- **人際關係**、**伴侶關係**、**性愛：**共感人有可能不小心幫自己找了有毒的伴侶，導致焦慮、憂鬱、生病。共感人太容易把自己的心交給自戀者，以及其他不懂得愛他們的人。共感人忠誠體貼，期待他人也會以相同方式回報，然而人生不一定如此幸運。此外，共感人光是與伴侶互動，就會吸收到伴侶的壓力與情緒，如憤怒與沮喪，而做愛期間又是人體特別脆弱的時刻。本書的第四、第五章，將介紹如何避免讓自己接收到太多他人的情緒，與生活中的有毒人士劃清界限，擁有健康的人際關係。
- **親子關係：**共感父母通常會因為長時間照顧孩子，接收到孩子的情緒與不舒適，容易承載壓垮身心的疲憊感。第六章介紹共感人在帶孩子時，可以如何避免吸收負能量。如果親子間有共感天賦的是孩子，可能常常感到難以承受。這時，父母需要特別學習去協助他們培養自身的天賦，好好地茁壯成長。
- **工作：**共感人會因為職場的能量吸血鬼而感到虛弱無力，卻不曉得該如何設下自我保護的界限。工作環境中有太多刺激、太少隱私。本書第七章會教共感人在工作時穩住自己，讓精力回升。

- **超群的知覺能力：**共感人的高度敏感力，使他們擁有比一般人更強烈的直覺，有辦法感受到他人的能量。此外，共感人特別容易產生預感，與動物溝通，在夢境中得知許多事情。第八章會談到如何以身心不受影響的方式，利用相關能力。

自我評估　你是共感人嗎？

想知道自己是不是共感人的話，請做以下的自我評估。每一題請以「大多數時候如此」或「大多數時候並非如此」回答：

- 別人曾說我太敏感、太害羞或內向？
- 我經常感到精疲力竭或焦慮？
- 吵架與大吼大叫讓我不舒服？
- 我經常感到自己無法融入團體？

- 待在一堆人之中會耗損我的元氣，我需要時間獨處才能恢復？
- 我是否受不了嘈雜的聲音、氣味或愛講話的人？
- 我是否對化學物質敏感，或是不太能夠穿容易讓皮膚發癢的衣物？
- 參加聚會時，我寧願自己開車，好方便提早離開？
- 遇到壓力時，我會不會大吃大喝？
- 我害怕在親密關係中感到窒息？
- 我很容易被嚇到？
- 我對咖啡因或藥物有強烈的反應？
- 我是否不太能忍痛？
- 我是否有社交孤立的傾向？
- 我是否會接收他人的壓力、情緒、症狀？
- 事情排山倒海而來，讓我精疲力竭。我喜歡一次做一件事就好？
- 我喜歡親近大自然，滋養身心靈？
- 和難纏的人或能量吸血鬼相處過後，我需要很多時間才能復原？
- 相較於大城市，小城鎮或鄉村使我身心舒暢？
- 相較於一大群人狂歡，我偏好一對一的互動或小型聚會？

得分代表的含義：

- 你回答「是」的題數，如果為一到五題，至少有部分的你是共感人。
- 如果回答六到十個「是」，你有中等的共感傾向。
- 如果回答十一到十五個「是」，你有強烈的共感傾向。
- 如果回答「是」的題數超過十五題，你百分之百是共感人。

判斷自己的共感程度後，可幫助你釐清自己的需求，曉得一定要學習哪些策略，與共感天性共處，在生活中替自己創造出舒適圈。

身為共感人的優點與挑戰

共感同時會帶來以下幾種優點與挑戰：

常見的優點

我珍惜自己的共感天賦，也感激敏感天性在日常生活中為我帶來的恩惠。我熱愛當直覺強大的人，樂於感受這個世界上流動的能量，解讀他人，享受對人生與大自然敞開胸懷所帶來的豐富體驗。

我們共感人具備大量的美好特質，心胸寬大，悲天憫人，滿懷夢想與理想。我們熱情，一針見血，充滿創意，有辦法與自己的情緒連結，也具備同情心，能夠看透事物的全局。我們懂得他人的感受，有辦法當忠誠的朋友與伴侶。直覺強，精神力也很強，足以感受到能量。我們特別欣賞大自然的美好，回到大自然就像回到家一樣，自然、植物、森林、花園特別能夠引發我們的共鳴，而且我們往往喜歡水流。每當我們浸泡在有如子宮的溫暖熱水澡中，或是生活在海邊或河邊，水都能提供我們能量。此外，我們強烈感受到與動物夥伴的直覺連結，我們常和動物說話，彷彿牠們跟人類並無二致。我們有可能加入動物救援行動，或是與動物溝通。

常見的挑戰

各位開始解決共感人會遇上的挑戰，並且具備更多因應技巧後，就能**真正**享受到共感的所有好處。以下是我在病患與工作坊成員身上觀察到的常見挑戰：

- **承受過度的刺激：**由於你無法和別人一樣過濾刺激，你經常感到如坐針氈，容易精疲力竭。每天要是沒有足夠的獨處時間，讓自己恢復元氣並放鬆，過度刺激和感官超載將帶來副作用。

- **吸收他人的壓力與負能量：**你有時無法分辨某個情緒或身體上的不適，究竟是自己的，還是別人的。你因為吸收他人的不開心，出現痛苦、焦慮等各種身心症狀。
- **對事物有強烈的感受：**不論故事主角是人或動物，你無法觀賞暴力電影或令人傷感的電影，因為世間的殘忍讓你不舒服。你把人世間的重擔扛在肩上，感受到生活中或新聞裡其他人的苦痛。
- **「情緒宿醉」或「社交宿醉」：**你身旁有太多人或是有太強烈的情緒時，當下的感官超載引發的不舒服，在事後會維持很長一段時間。
- **孤單寂寞：**你孤立自己，遠離人群，感到無力承受這個世界，其他人因此覺得你冷漠無情。許多共感人高度警戒著周遭環境，想確認安全無虞，但也產生一股距離感。此外，虛情假意會讓共感人不知所措，別人可能誤把你愣住的反應當成冷淡，但那顯然只是你自我保護的措施。有的共感人比較喜歡在網路上社交，因為網路可以讓人保持一定的距離，避免吸收到他人身上的煩悶與壓力。
- **感受到情緒上的疲憊：**善解人意的壞處，就是人們很喜歡跑來跟你講他們的人生故事。我從小就像身上掛著「我能幫你」的牌子。共感人一定得與他人設定清楚的界限，不要「過度給予」。

- **處理對光線、氣味、味道、觸碰、溫度、聲音相當敏感的情形：**對許多共感人來講，包括我自己在內，嘈雜的聲音與明亮的光線令人很不舒服。聲音與光線會穿透並振動我們的身體。救護車經過時，我得摀上耳朵。吹葉機與嘈雜機器極度刺耳。此外，我也無法忍受煙火爆炸聲。那一類的聲音會嚇到我，我的反應就像受驚的狗兒。共感人受驚嚇時，反應比常人激烈，因為強烈的感官刺激會引發強烈的反應。廢氣和香水等濃烈氣味與化學物質，讓我們頭暈目眩、過敏、感到窒息。此外，我們也對極端的冷熱溫度敏感，不喜歡冷氣。面對雷雨、狂風、下雪等劇烈的氣候現象，我們的身體會充滿或缺乏活力。此外，皎潔的滿月能夠補充許多共感人的精力，其他人則感到心煩意亂。
- **在親密關係中表達感受：**共感人與別人生活在同一個屋簷下、同睡一張床時，會有特殊的共感人需求。許多共感人需要單獨的空間，有時也需要自己一張床，才能感到自在。共感人一定得和另一半溝通自己的特殊需求。

不同性別會碰上的特殊挑戰

當然，共感人因為纖細的天性，遇到的挑戰大同小異，與性別無關，不過男、女共感人的確會以不同的方式碰上挑戰。

舉例來說，男性共感人通常以自己的纖細性格為恥，不願多談。他們覺得自己「不夠有男子氣概」，平日必須對抗性別的刻板印象，大概也被警告過不准當「愛哭鬼」，要「像個男人一點」。男孩子會被教導：「堅強的男子漢不哭。」性格敏感的男孩在學校會因為「娘娘腔」被霸凌。男性共感人對橄欖球、足球或有強烈肢體碰撞的運動可能不感興趣，易被其他男孩排擠或嘲笑，因此壓抑情緒，最終甚至忘記自己會有感受。由於種種原因，他們通常默默承受著一切，人際關係、職業生涯和健康連帶受到影響。高敏感男性名人包括林肯總統（Abraham Lincoln）、科學家愛因斯坦（Albert Einstein）、演員金・凱瑞（Jim Carrey）。

我覺得情感細膩的男性魅力十足。我很喜歡加拿大女歌手艾拉妮絲・莫莉塞特（Alanis Morissette）的作品〈為易感的男人歌詠〉（In Praise of the Vulnerable Man）。男性必須擁有細膩的一面，性格才會平衡。我指的不是過度女性化、沒學會展現陽剛之氣，而是堅強又細膩、有安全感、不怕示弱。這樣的男性具備極高的EQ，不怕面對自己或他人的情緒，因此也是懂得照顧他人、風度翩翩的伴侶、朋友及領袖。

相較於男性的情形，西方文化比較能夠允許女性共感人表達感受，以及她們的「女性直覺」，但我們的世界依舊不擁抱女性的力量。歷史上，女性是被壓迫的一群人。各位可以回想歐洲黑暗時期的異端裁判所，或是美國十七世紀的薩林審巫案（Salem）。有感知天賦的女性被綁在火刑柱上燒死。我最初在團體中談直覺時，也懼怕自己會受傷。然而，一旦我感受到史上被壓迫的女性先知的集體能量，就發現今日是不一樣的時代。在今日說出自己的看法安全許多，我不再感到不安。

> 共感人並非「過度敏感」。他們擁有獨特的天賦，但必須學著掌控敏感的天性。
>
> ——茱迪斯．歐洛芙醫學博士

•

許多來找我的女性病患和我一樣，害怕被誤解、批判、排擠，因此不願坦承自己的敏感天賦。我們必須學著在人際關係中，坦承自己身為共感人的需求。此外，部分女性的共感能力可能導致「共依存症」（codependency）。她們充滿愛心，以至於被困在照顧他人的角色中，忙著照顧他人，卻無力照顧自己。平衡的女性共感人懂得設立界限，保障自己的時間與精力。她們懂得付出，也得到別人的付出，那是一種強大的複合力量。女性的共感名人有演員妮可．基嫚（Nicole Kidman）、歌手茱兒（Jewel，她的歌〈敏感〉〔Sensitive〕就是在談共感人）、演員薇諾娜．瑞德（Winona Ryder）、歌手莫莉塞特、戴安娜王妃（Princess Diana）。

共感人也能過得好：避免過載的方法

本書將分享解決各種共感挑戰的方法，增強共感天賦帶來的眾多好處。雖然這個社會認為共感人「太敏感」，要我們「堅強一點」，我則是鼓勵共感人進一步培養自己的敏感天賦，但不能被敏感所控制。學會控制敏感後，共感可以是一種重要的能力。共感人沒瘋，沒得慮病症，也不是神經兮兮、性格軟弱。共感人擁有上天賜予的敏銳天賦，只不過每個共感人都得學著應用這項美好的天賦。

敏感人士必學的一件事，就是在一下子出現太多突如其來的刺激時，懂得處理感官超載的問題。感官超載會帶來疲憊、焦慮、憂慮、生病。許多共感人認為自己的共感能力沒有開關，但**其實有**。我將教各位控制自己的敏感度，以免成為敏感天賦的受害人。當你感到自己被保護、有安全感，整個世界都是你的遊樂場。

培養安全感的方法是留意哪些常見的因子會造成過度共感。一旦知道哪些事物會觸發你，就有辦法立刻採取行動，改善情境。

哪些因子會使共感人的超載症狀雪上加霜?疲勞、疾病、匆忙、交通、人群、嘈雜的環境、有毒人士、低血糖、爭論、過度工作、化學物質引發的過敏、過度的社交活動，以及感到被困在刺激太多的情境中，例如身處派對場合或交通工具內。任幾項因子湊在一起，都會加重共感人的感官超載情況，因此各位要記住這個公式：壓力＋低血糖＝反應過度與疲憊。

哪些因子能減輕共感人的超載症狀？當我感到感官超載時，我需要讓每件事慢下來，暫時脫離所有情境。感受太強烈時，我會覺得自己有如一朵正在枯萎的花，此時我需要平靜帶來的養分。我常常得躲到沒有聲音或亮光的房間，藉由睡眠或冥想，把自己調回低刺激的狀態。感官超載的情形過於嚴重時，我需要獨處一整天或一整個週末，不過在休息期間，我還是會在大自然中短暫散步，出門辦點事。共感人常見的問題是把事情看成「全有或全無」。要不就忙得要命，要不就窩在家中這個避風港。我建議各位調和一下，找到平衡點，不要過度與世隔絕，讓自己處於絕對孤獨的狀態。記得聆聽直覺，找出適合自己的作法。每個人都必須找到滿足個人獨特需求的方式。

有一位感官超載的病患告訴我：「我只能夠忍受一對一的人際互動，一群人對我來講太多了。」另一位病患告訴我：「我會趁晚上大家都在睡覺、整個世界都在休息時，讓自己減壓。只要白天的熙熙攘攘平靜下來，我就能放鬆與集中精神。」

此外，我也建議運用「升起能量防護罩」（shielding）這項基本技巧，來預防共感超載的問題。防護罩是可以快速保護自己的方法。許多共感人借助防護罩，隔絕有毒的能量，但正面能量依舊可以自由流通。各位可以隨時應用這項技巧。一旦感到某個人、某個地方、某個情境讓自己不舒服，就升起防護罩。當你人在機場、在派對上和能量吸血鬼說話，或是待在擁擠的候診室，都能加以利用，讓自己待在精力不會被吸走的安全保護罩內。

共感人自救法　**共感防護罩的想像練習**

請至少預留五分鐘做這個練習。找一個讓你心安的寧靜空間，在不被打擾的狀態下，鬆開身上的衣物，找到一個舒服的姿勢，例如盤腿坐在地上，或是在椅子上坐正。一開始，先做幾次長長的深呼吸。吸氣，好好感受氣進入體內，接著吐氣，把氣完全放掉。用身體感受呼吸，感覺自己與神聖的生命力量「普拉納」連結在一起。

放開所有念頭，讓念頭有如飄浮空中的雲朵。回到呼吸，一遍又一遍，找到自己的核心，感受到核心的能量從腳趾跑遍全身，一直上升到頭頂。專注於這個感受，繼續凝神。

在這樣的放鬆狀態下，想像一道美麗的白光或粉紅光防護罩，完全罩住你的身體。防護罩會向外延伸幾公分，隔絕負面、帶來壓力、有毒、侵入性的事物，你在防護罩的保護下，感到穩如泰山、幸福快樂、充滿能量。防護罩隔絕掉負面的事物，但同一時間，你依舊感受到正面的美好事物。請讓自己習慣有防護罩防身的感覺。每當你懷疑自己正吸進他人的負能量，就可以觀想這個防護罩。

最後，在心中對著這層保護罩說「謝謝」。深深地吸氣、吐氣，接著緩緩睜開眼睛，回到房間內的世界，百分之百回到自己的身體。■

除了防護罩之外，共感人的日常自我照顧法，包括吃好的食物與減少壓力，從事滋養身心的活動，包括安靜的獨處時間、與正面人士來往、待在大自然中、泡澡清除負面能量、冥想、運動，以及和能量吸血鬼劃清界限。共感人需要定期將此類的自我照護融入生活之中。此外，我非常相信個人儀式與冥想的力量，例如以下的「接地」（grounding 或 earthing，又譯「接地氣」、「扎根」、「安心穩步」）練習。

接地的力量

「接地」是一種與大地連結、穩定情緒的方法。地球能量是治癒壓力的良藥。接觸地面是透過腳與全身，接受大地之母的治療。新興科學指出，「接地」對健康有好處——據說接觸地面的電子可以安定神經系統。最理想的情況是打赤腳走在大自然裡，但踩在後院草坪上也可以。腳特別適合釋放壓力，因為許多反射點與針灸穴位都位於腳底，光腳走路與按摩腳掌可以活化這些穴位。你的腳是將大地的療癒力傳遍全身的絕佳管道。各位也可以整個身體平躺在地上，獲得更完整的效果。我個人喜歡躺在海邊凝望天空。

不過，如果無法待在大自然，也可以在家、在辦公室，甚至在社交場合中做以下的想像練習。萬一沒有自己的私人空間，可以休息一下，坐在外面，或是到浴室待個幾分鐘（有好幾年的時間，如果我需要從聚會中抽身一下、降低被刺激的程度，浴室向來是我的避難所）。做一做以下的想像練習，幫助自己減壓，讓心神歸位。我自己每天至少做這個練習五分鐘，也教病患練習。各位可以事先錄下這個冥想練習與本書其他練習的指示，當你準備好冥想時播放，慢慢放鬆進入冥想狀態。

共感人自救法　接地的想像練習

每當你感到超載、焦慮、恐懼，給自己一點降低刺激的安靜時間。一個人單獨充電可以幫助你減壓。記得關掉電腦與手機，以舒服的方式坐著，深呼吸，放鬆身體。當壓力消失不見，感受那份寧靜與祥和。什麼都不做，什麼都不必當，只要呼吸、放鬆。出現雜念時，讓念頭像雲朵一樣飄浮在空中，不要被牽著走，只專注於緩緩吸氣與吐氣。你感受到寧靜，壓力離開身體。

在這個寧靜的內在空間，想像一棵大樹，粗大的樹幹從你的頭部到腳趾，一路沿著身體中線向下延伸。花幾分鐘感受這棵樹的力量與活躍能量，接著想像樹根從你的腳底長出來，一路深入土裡，愈長愈深，愈長愈深，帶來一股令人心安的踏實感。每當你感到焦慮或恐懼，專注於那些樹根，將你穩穩扎於大地之上。以這種方式讓自己扎根，可以提供內在的力量，在生活令人感到不堪負荷的時刻穩住你、保護你。緩緩張開眼睛時，記住那種接地的感受，回到外面的世界。每當你感到失衡，再次利用這樣的接地想像穩住自己。■

接地是讓自己堅定的基本技巧。**專注於自己的腳，不要想著你的恐懼或你受不了，快速穩住自己。**腳底按摩也有奇效，可以讓你拋開思緒，回到身體。記得定期做接地冥想，以及後文將分享的感官過載的紓解練習。

身為共感人是一種福氣

各位和我一起踏上這趟旅程時，要記住，你的存在、你的溫柔、你對天地萬物的喜愛，對你自己、對他人來說都是一份美好的禮物。你的直覺、善解人意，能夠撫慰人心。我希望各位愛惜自己，欣賞自己的真誠，喜歡自己感知萬事萬物的能力。你要知道自己是一個很獨特、很完美的人。當你看見真正的自己，就能成為一個完整而有深度的人，讓共感成為一種美好的能力——那是最關鍵的重點。不是每個人都懂你，沒關係。去找志同道合的人，他們會懂你，你也會懂他們，你們會感受到彼此間的美好連結。後文將介紹如何利用本書，以及本書的有聲書《共感人的基本工具》，成立共感互助小組。聚會時，可以朗讀本書的章節或聆聽有聲書，討論與自己相關的共感人議題。給予彼此支持，能使身心獲得極大的解放。

§

我們正處於人類的意識演化過程，共感人就是開路人。敏感天賦帶給我們神聖的責任，我們不能只是過著與世隔絕的生活，一定得學著不讓自己過載，如此才能在世上發光發熱。共感人與所有的敏感人士都是拓荒者，站在人類新世界的最前線。

各位是「S世代」的一分子。S指的是「敏感」（Sensitivity），所以S世代就是向同情心與慈愛致敬的人士。各位代表著人類走向心與直覺的重要機會，你們是他人的模範，有能力示範如何保持敏銳又強大。

我等不及要協助各位掌握敏感的天賦，增進幸福的程度，讓世界更美好。我學會尊重自己的共感人身分之後，感到整個人更完整了；我希望各位也能愛惜自己的天賦。我期望這本書的資訊將帶給大家力量，有辦法以前所未有的程度做自己。這趟旅程開始之前，請跟我一起宣誓。

共感人誓言

本人發誓將尊重自身的敏感天賦，在探索什麼是共感人與擁抱個人天賦的旅程中，溫柔地善待自己，每一天都珍惜自己。

第2章 共感、情緒與健康：如何停止吸收他人的負能量

共感人的身體與眾不同，什麼都感受得到。我們的身體什麼都接收，把身邊的正負能量全吸進肌肉、組織與器官之中。好處是，我們能在心中感受到他人的活力、快樂與愛，因而身心舒暢。那是世上最好的良藥！然而，我們也感受得到他人身體的不舒服、壓力與負面情緒，例如沮喪、憤怒、恐懼（即便沒說出口也一樣）。身邊要是圍繞著有毒的人、噪音、暴力、匆忙、吼叫，我們共感人很容易感到疲憊跟不舒服。

共感人甚至會出現我所說的「共感疾病」（empathic illnesses），也就是我們會感受到別人身體不舒服的症狀，彷佛生病的人是我們。我小時候只要坐公車，情緒就會突然產生變化，感受到身旁乘客的焦慮與痛苦。如果我上大型雜貨店，進去時心情很好，出來時卻精疲力竭，身上某個地方開始疼痛。我當時不曉得，問題出在身旁的刺激太多。一排排的食物貨架帶來令人昏頭的選擇，日光燈教我暈頭轉向，大量排隊的人潮壓垮我。我日後終

於明白，某些情境會帶給共感人特別大的壓力，而我和我的病患一樣，他人的情緒與症狀會殘留在我們體內。

共感人的基本生存法則是學習停止吸收他人的情緒與痛苦，在充斥過度刺激、對共感人不大友善的環境中，找到穩住自己的方式。本章將教大家可以怎麼做。一旦懂得應用基本的自保方法，就更容易在這個世界前進，改善個人的身心健康。

向主流醫學求助的侷限

傳統的健康照護不太有辦法幫上心思細膩者的忙。共感人經常被誤診為「慮病症」（hypochondriac）或「神經過敏」（neurotic）。當你心靈脆弱、需要協助，卻被說成是疑神疑鬼，那是相當令人沮喪的一件事。另一種可能是你被轉診給精神科醫師，拿到百憂解（Prozac）等抗憂鬱處方藥，或是煩寧（Valium）、贊安諾（Xanax）等抗焦慮藥物。雖然相關藥物經常是傳統西醫治療憂鬱與焦慮的標準生物化學療法，但我不建議使用相關藥物來治療共感超載。

此外，主流醫學可能把共感人診斷為「感覺統合失調」（Sensory Processing Disorder）。「感覺統合失調」是一種無法處理感官刺激的疾病，患者被視為對人群、光線、聲音、觸摸「異常」敏感。我相當反對醫生把高敏感人士貼上感覺統合「失調」的標籤；高敏感其實是一種本身會帶來特定挑戰的天賦。醫學太常把不一樣、自己不明白的事，當成疾病看待。共感人具備的特質存在於人類體驗的正常光譜上，他們屬於人類之中美好而獨特的一分子。

傳統西醫的問題，在於缺乏納入「身體精微能量系統」的範例。數千年來，能量的概念在許多文化的治療傳統中都很重要，包括傳統中醫。什麼是「精微能量」？精微能量是體內一種重要的生命力，可以延伸到身體方圓一英尺之處。各位可以把它想成宗教藝術作品中的光環，那種從頭頂散發出來的美麗白光，也就是能量體（energy body）的展現。傳統中醫會調和病患體內所謂「氣」的精微能量，傳統西醫在診療病患時，則沒有這樣的參照點——各位一定要瞭解西醫有著這樣的限制。共感人對於能量極度敏感。我的使命是教育健康照護的從業人員，讓他們重新認識適合共感人士的療法，讓共感人得到應有的醫療照顧與理解。

我替病患進行心理治療時，同時結合傳統西醫與能量醫療、直覺與性靈（我的有聲書課程《成為直覺療癒師》〔*Becoming an Intuitive Healer*，暫譯〕協助健康照護等從業人員培養相關能力）。病患找我諮詢時，我除了會運用理智傾聽，也用直覺與共感能力，因此得到額外的資訊，省下大量時間，一下子就能理解病患。我為了讓共感病患獲得力量，教他們聆聽內在的聲音，和吸走精力的人劃清界限，使他們的敏銳心靈成為力量、愛、活力的泉源，而非造成身心不適的一種「疾病」。

改善自身健康：你是身體共感人或情緒共感人？

共感人一定要特別照顧自己的健康，讓自己處於最佳能量狀態。第一步是判斷自己屬於「身體共感人」或「情緒共感人」，有的人兩者皆是。弄清楚自己屬於哪一種共感人後，就曉得自己的敏感天性會如何顯現出來，進而訓練耐力，保護自己，不再損耗精力。

身體共感人的身體會感受到他人的症狀。例如，朋友抱怨胃不舒服，突然間共感人的胃也開始不舒服。又或者是同事偏頭痛發作，共感人的頭也開始抽痛。身體共感人的好處是別人幸福時，他們也能感受到幸福。一名病患告訴我，她的另一半是共感人，她上瑜伽課時，她的先生即使人在城市另一頭，也會跟著感受到身體放鬆下來。一人練瑜伽，兩人受惠！

情緒共感人主要則是接收他人情緒。他們看電影時，旁邊坐的人如果心情低落，就算看的是喜劇，共感人走出電影院後，也會感到沮喪。這是怎麼回事？觀影時，鄰座的能量場與共感人的能量場重疊。共感人愈靠近一個人，就愈容易受到那個人的情緒與症狀影響。麻煩的是，情緒共感人通常不曉得哪些是自己的情緒、哪些是別人的情緒，不自覺地為了他人的情緒心煩意亂，也不曉得該如何調整自己的情緒。一名病患告訴我：「我身旁如果有極度負面或憤怒的人，我得花上整整一天的時間，才有辦法恢復精神。」

這種問題其實有辦法解決。我的另一名患者泰瑞後來才恍然大悟，自己從小到大一直在吸收母親的焦慮。共感人溫柔寬厚，時常無意間承擔所愛之人的情緒。不過，在泰瑞發現自己和母親之間的情緒關聯後，我便可以教她設下界限，想像剪斷能量索，切斷自己和母親的焦慮連結。泰瑞因此得以維持健康的界限，又能繼續當孝順的好女兒。

身體與情緒共感人接受訓練後，他們的直覺可以用於醫療方面，靠共感能力感受他人的症狀，診斷他人的疾病。不過，為了保護共感人自身的健康，他們必須善於釋放自己吸收到的病氣。

所有共感人的目標都是學習停止吸收負能量，讓自己活得更自在。我們天生的直覺是撫慰他人的痛苦，但是那對我們自己來講並不健康。我已經學會在協助病患與工作坊參加者的同時，避免承接他們的不舒服。由於我經常舉辦座談會，一次在數百人面前講話，我一定得穩住自己、保護自己，才有辦法從事我喜愛的教學活動，不被過度的刺激弄到精疲力竭。本書將隨時分享我在日常生活中實踐的有效方法，教大家一起當個平衡的共感人。

身體與情緒共感人的自我評估

為了維持良好健康，一定要判斷自己是身體共感人或情緒共感人。如果各位和我一樣，甚至可能兩者皆是。進一步瞭解自己屬於哪種共感人後，就會清楚該如何照顧自己。請做以下的兩種自我評估，找出自己屬於哪一類共感人。

自我評估　我是身體共感人或情緒共感人？

我是身體共感人嗎？

問一問自己以下的問題：

- 我是否曾經坐在身體有病痛的人旁邊，接著自己也開始感到不舒服？
- 當我身處人群中，是否感到身體不適？
- 我是否被人說有慮病症，但我很清楚自己真的出現了那些症狀？
- 面對別人的壓力，我自己的身體是否出現生理症狀？
- 我是否感到自己在某些人身邊很有活力，在某些人身邊則很疲累？
- 我是否常常看過醫生後，得不到有效的治療？

- 我是否有慢性疲勞，或是出現神祕無解的病痛？
- 人多是否讓我感到疲憊，比較喜歡待在家裡？
- 我的身體是否對糖、酒精、加工食品敏感？

我是情緒共感人嗎？

問一問自己以下問題：

- 我是否會接收他人的情緒，如焦慮、憤怒、沮喪？
- 發生爭執或衝突後，我是否會有「情緒宿醉」的問題？
- 我在人群之中是否感到沮喪或焦慮？
- 我是否想要讓別人好起來，讓他們不再有壓力？
- 我是否直覺就知道他人的感受，即便他們未說出口？
- 我是否不太會分辨哪些情緒是別人的、哪些情緒是自己的？
- 我是否都在照顧別人，忽略自己的需求？
- 碰到難纏的人士或情緒壓力時，我是否反應過度？
- 我是否會在吃下糖分、碳水化合物或其他特定食物後，情緒產生極大的變化？

得分代表的含義：

- 回答一至兩個「是」，代表你是輕微的身體共感人或情緒共感人。
- 三到四個「是」，代表你是中度的身體共感人或情緒共感人。
- 五個以上的「是」，代表你絕對是身體共感人或情緒共感人。

找出自己屬於身體共感人或情緒共感人（或兩者皆是），是很重要的自我認識。有了答案後，就知道如何面對這個世界。你沒有瘋，也沒得慮病症。你是一個敏銳的人，具備一種必須加以開發、小心運用的天賦。

共感疾病

「共感疾病」一詞，指的是別人生病，你也跟著出現的症狀。沒錯，你有可能接收他人的症狀！共感症狀感覺像是你自己生病而出現的症狀，但其實不是——這是一種很難分辨的情況。舉例來說，我的病患艾麗西亞在妹妹氣喘發作時，也會跟著喘不過氣，但她其實沒有氣喘。另一名病患布萊恩也一樣，他因為對太太有很強的同理心，太太關節炎發作時，他的手也會跟著痛。某些病痛純粹是共感疾病。

不過，更常發生的狀況是共感人接收別人的「不舒服」後，自己原有的症狀加重。嚴重的情形下，共感疾病可能造成一個人長期生病，足不出戶，因為社交焦慮什麼都不能做。共感人很容易出現社交焦慮，他們受不了團體中一堆人同時發送的口頭與非口頭訊號；此外，共感人對他人的排斥很敏感。共感人因為感受到這個世界的種種壓力而精疲力竭，動彈不得。由於傳統西醫不相信人體存在精微能量系統，多數醫生無從瞭解共感人發生什麼事，也不曉得如何減輕他們的痛苦。

許多來找我的病患，患有以下常見的共感疾病：

- 腎上腺疲勞（adrenal fatigue）
- 自體免疫疾病，如橋本氏甲狀腺炎（Hashimoto's thyroiditis）、腸道炎症（inflammatory bowel disease, IBD）
- 懼曠症（害怕出門）
- 各式恐懼症（如恐懼人群、開車、大型體育場的活動）
- 慢性憂鬱
- 慢性疲勞

相較於生性不敏感的人，敏感者的人生多出許多磨難，但他們要是能理解並昇華自己的苦難，將發生不可思議的事。

——印度哲學家吉杜·克里希那穆提（Jiddu Krishnamurti）

- 纖維肌痛（fibromyalgia）
- 疼痛
- 恐慌發作與社交焦慮

我在二十多年前，首度以心理治療師的身分治療共感人。當時我不知該如何協助他們處理症狀，自己也才在學著當共感人。然而，仔細研究病史後，我發現那些病患都有親朋好友或同事正在受苦，不知不覺中，他們吸收了對方的情緒與症狀。我懂那是怎麼一回事，因為我自己也一樣！有的共感人還會因大自然的變化引發強烈的反應。我有一個病患是下大雷雨時，背痛就會加劇。有的共感人則會出現「季節性情緒失調」（seasonal affective disorder, SAD，亦稱「冬季憂鬱症」），也就是白日較短、光線較昏暗的冬天會出現的憂鬱症。此外，許多共感人在滿月時比平日焦躁不安，新月時則感到寧靜。

在我瞭解了共感人高度敏感、卻無力調節自己的敏感度之後，開始大幅更改自己治療共感病患的方法。我的工作變成教導共感人穩住自己，藉由設下健康界限來保護自己。正確的共感疾病療法，其實是訓練敏感人士停止接收他人的能量與壓力，而不是用藥物治療他們的症狀。當敏感人士不再吸收負能量，就不必再對抗疲憊與無力感，整個人會跟著神清氣爽起來。

共感人與藥物治療

有的醫生治療共感人時，會直接開抗憂鬱藥物與抗焦慮藥物，不過我盡量避免一開始就讓敏感人士服用藥物。有時病患只需要多善待自己一點，做一點小小的調整，就有辦法讓生活輕鬆許多。以珍的例子來講，她來找我，是因為開車上洛杉磯的高速公路讓她極度焦慮。多線道的車流、不斷呼嘯而過的雙向大卡車，使她精神無法承受，頭暈目眩。許多共感人都討厭高速公路，我也不例外。高速流動的車流、心情煩躁的駕駛，對許多共感人來說難以招架。我也多年沒開車上高速公路了！

珍在開車前會做深呼吸練習，也從短程的高速公路開始試駕，努力讓自己習慣，但那些策略都沒奏效。醫生建議珍服用抗焦慮藥物，但她對那種藥物存有疑慮。我告訴珍另一種簡單的方法。與其逼瘋自己，一直試圖「克服」開車的焦慮，不如允許自己在可行的時候，不要上高速公路，改成繞一繞城市美麗的大街小巷——我自己就是這麼做。這個方法讓珍大大鬆一口氣。她只需要多給自己一點通勤時間就夠了。此外，我也鼓勵她別再逼自己「和別人一樣」。許多敏感人士就是犯了這種錯。共感人通常擁有必須顧及的特殊需求，有那些需求並無大礙。想辦法善待自己，不代表我們就是失敗者，也不代表我們在逃避。用溫柔一點、簡單一點的辦法來解決問題，就能輕鬆解除焦慮，不必尋求藥物治療。

不過，共感人萬一因為創傷或壓力的緣故，長期精神耗弱，很可能需要治療憂鬱與焦慮的藥物，重新平衡體內的生物化學環境。我主要都是開短期的藥物。我發現許多共感人只需要比別人低許多的劑量，就能得到正面效果，像是少量的抗憂鬱藥物會在我的高敏感病患身上產生良好的作用。主流醫師會嗤之以鼻，認為那不過是安慰劑效應，但我不這麼認為。共感人對一切事物都比一般人來得敏感，包括藥物。我們通常承受不了傳統醫學認定的有效劑量。各位如果是需要藥物治療的共感人，我建議找懂精微能量的整合型健康照護師（integrative healthcare practitioner），他們有辦法找出最適合你的劑量。

此外，我也對止痛藥會抑制共感的新型研究十分感興趣。俄亥俄州立大學的研究人員近日發現，服用泰諾（Tylenol，乙醯胺酚）的受試者在得知他人的不幸時，相較於未服藥者，感受到的沮喪感較低。[1]泰諾會減少共感是重要的研究發現，因為每週有五千兩百萬名美國人服用含有泰諾的藥物！

共感與腎上腺疲勞

腎上腺疲勞是共感人經常出現的健康問題，有的病患因為出現一連串相關的症候群來找我，包括疲憊、身體痠痛、焦慮、思緒不清、失眠。原因何在？有一個理論是腎上腺應付不了接連出現的壓力，造成一般會帶來活力的皮質醇（cortisol）等荷爾蒙不足。共感人因為還會接收他人的症狀，壓力倍增，更容易出現腎上腺疲勞。

以下是幾種治療腎上腺疲勞的方法，可以解除症狀，恢復精力。但別忘了，這些方法並非用一次就能治百病的萬靈丹。共感人如果要克服腎上腺疲勞，基本的生活習慣與飲食也要跟著改變，長期才能以有效的方式調配精力。除了接下來的幾個訣竅，本書也會不斷提醒讀者各種減壓策略。

共感人自救法　**舒緩腎上腺疲勞的小訣竅**

- **全食飲食（whole-food diet）**：不吃加工食品與垃圾食物、麩質、糖、白麵粉（本書第三章有更詳盡的解釋）。
- **飲食中添加喜馬拉雅紅鹽（Himalayan Red Salt）**：少吃低品質的鹽（血壓高的

讀者，一定要先請教醫生自己能攝取多少鹽）。

- **運動**：從事溫和的運動，做伸展操，培養耐力，儲備精力。
- **冥想**：冥想可以增加人體內的腦內啡。腦內啡是一種天然止痛劑，可以減少壓力荷爾蒙。
- **驗血找出自己的皮質醇濃度**：如果皮質醇過低，可以考慮請醫師推薦暫時性的天然皮質醇替代品。
- **多多休息**：睡眠可以恢復體力，修復身體。
- **每天吃維他命B**。
- **在急性期每日攝取兩千至五千毫克維他命C**。
- **考慮打維他命C點滴（一萬至兩萬五千毫克）**：增強你的體力與免疫力，維持腎上腺健康。整體醫療的醫師（holistic physician）通常會提供這種療法。我感冒時會用這個方法增強免疫系統。
- **趕跑生活中的能量吸血鬼**：盡量遠離有毒人士，至少要設下清楚的界限，不讓他們有機會吸光你的精力（本書第五章會進一步討論）。■

此外，請記得善待自己，保持正面的心態。盡量想著健康，不要老想著疾病。別用負面想法打擊自己，譬如「我永遠不會好了」或是「我很虛弱，我很不舒服」。不論生活中發生什麼事，你永遠可以掌控自己的態度。減少腎上腺疲勞的方法，就是善待自己，減少內在的壓力。

共感人與運動

定期運動是共感人的救命符，因為運動可以逼出體內的壓力與負能量。久坐不動的生活形態會讓體內能量停滯，各類毒素趁機累積。感到壓力愈來愈大的時候，去散散步，上健身房，上瑜伽課，或是做做伸展也好。強度大的運動可以淨化身體，不過溫和的運動也不錯。動一動可以讓我們保持靈活，肌肉就不會緊繃，負能量也不會留在體內。運動等於是讓時光倒流，使我們青春永駐，活力十足。

共感人保護自己的方法：對抗負能量十四招

病患經常問我：「怎麼樣才能分辨一些情緒或症狀，究竟是自己的，還是別人的？如果是別人的，怎麼趕跑它們？」這個問題的答案是讓各位快樂有活力的關鍵。

各位如果感到自己正在吸收他人的壓力或症狀，需要釋放那些負能量，可以試試以下幾個基本方法。我自己平日不僅會使用這些祕訣，也傳授給病患與工作坊參加者。你可以實驗一下，找出最適合自己的方法。

第一招：問自己「這個症狀或情緒是我的，還是別人的？」

如果想知道自己是否正在吸收他人的能量，一個方法是留意你靠近某個人的時候，是否突然感到情緒起伏，或是身體瞬間產生變化。如果你先前並未感到焦慮、沮喪、疲憊、噁心，你此刻感受到的不舒服，大概至少有部分來自他人。如果遠離這個人之後，不舒服的情況就消失了，那麼你剛才感受到的東西大概不是你的！

不過，有時你感受到的情緒或症狀，有可能同時來自他人與自己。情緒會傳染，尤其是碰上你的情緒地雷時。舉例來說，如果你長期埋怨自己的父親，別人在氣他們的父親時，你也會吸收他們的憤怒。你如果害怕自己會得慢性病，你將特別容易吸收慢性病患者的症狀。共感人有自己尚未排解的心結時，會特別容易吸收到別人情緒上或肉體上的痛苦。你愈是有辦法解決自身的問題，就愈不容易吸收他人的症狀。你依舊可能感受到那些事，但受到的影響不至於那麼深，被吸走的精力也會減少。

第二招：呼吸，念口訣

負能量來襲時，立刻專注於呼吸幾分鐘。慢慢深呼吸，吐氣，排掉令人不舒服的能量。呼吸可以藉由循環代謝掉體內的負能量。屏息及淺呼吸則使負能量留滯體內。我建議深呼吸時，以堅決的語氣，大聲說三遍以下這個口訣：

回去你主人那。回去你主人那。回去你主人那。

聲音的力量可以命令你體內的不舒服離開，而呼吸是把不舒服送回宇宙的方法。

此外，念口訣時，可以專注於把有毒的能量排出腰椎，也就是下背的地方。腰椎之間的空間，是清除吸收到的症狀的管道。想像不舒服的感覺出現在脊椎的地方，大聲說：「我釋放你。」不健康的氣就會離開你的身體，融進巨大的生命能量母體。

第三招：遠離干擾你的人事物

如果你懷疑某個人、事、物令你不舒服，至少拉開六公尺的距離，看看情況是否好轉。不用擔心這麼做會冒犯陌生人。不論你人在診間、電影院或其他公共場所，不要遲疑，立刻換位子。在餐廳時，如果隔壁桌很吵，沒必要坐在原地忍受不舒服，你有權換到安靜一點的位子。我就是以這樣的方式照顧自己。你可以友善地對某些能量說「不」。允許自己換位子便是在照顧自己。

一位共感朋友向我描述他參加嘈雜的畢業派對的情形：「因為噪音太大、人太擠，我得暫時離開。晚餐還沒上，但我的耳朵已經嗡嗡作響，神經緊張，因此我在車上坐了一小時。派對上的人在享用晚餐及跳舞時，我在讀詩集。我告訴朋友，我得遠離一下喘口氣，他們能夠諒解。最後朋友在派對上玩得很開心，而我在回去加入他們之前，先給自己一段安靜的時光定下來。」

共感人通常受不了社交情境。碰上這種情形，記得讓自己喘口氣。休息過後如果還想回去，心情也會比較平靜。

第四招：減少身體接觸；自行選擇是否要擁抱

能量會經由視線與觸摸轉移。如果某個人令你感到不舒服，那就減少與那個人的眼神或肢體接觸，包括擁抱和握手。你愛的人難過時，抱一抱對方，對你們兩個人都有好處，但如果你擔心吸收到他們的壓力，簡單抱一下就好，即使隔著一段距離，還是可以傳送你的愛意。

許多瞭解能量的治療師都會尊重第一次見面的人，詢問他們：「可以抱抱你嗎？」各位也可以這樣詢問別人的意願。而別人這樣問你時，你可以和善地拒絕。我不想和某個人分享能量時，有時會告訴他們：「我不喜歡擁抱。」如果你和某個人不是很熟，也可以選擇「虛抱」就好，拍拍對方的背。等你對兩人的關係更有安全感，可以改成真正的擁抱，享受擁抱的美好滋味。記住，你永遠可以選擇自己想要什麼樣的肢體接觸。

第五招：水可以排毒

快速解除壓力與共感痛苦的方法，就是把自己泡在水裡。共感人喜歡水！泡瀉鹽浴（Epsom salt，硫酸鎂，又稱「浴鹽」、「愛普森鹽」、「鎂鹽」）很舒服，能提供可安定神經的鎂。在忙碌的一天過後，浴缸是我的避難所。泡在水裡可以洗去一切，包括公車廢氣、長途飛行的疲憊、從他人身上吸收到的惱人症狀等。各位也可以在浴缸中加一點薰衣草精油，在漫長的一天之後，那是最具舒緩功效的良方。共感人的完美假期是泡天然礦泉，洗去一身的煩惱。

第六招：設下界限

界限一定得設，不設不行：想要健康活著，就得設下自己與他人的界限。如果有人耗損你的精力，切勿讓他們消耗。你要花多少時間聽那個人講話，由你來掌控。**「不要」**就是不要。沒關係的，你可以說出你的需求、你的偏好，譬如「很抱歉，但我今晚有事」、「等你冷靜一點，我們再來討論這件事，我受不了大吼大叫」、「我需要冥想，現在請安靜」、「除非你想討論解決的方法，否則我只能給你幾分鐘」。有時候，改變與認識的人的溝通模式，是一種重新訓練的過程，然而，堅持和善但堅定的界限，可以保護自己，遠離能量吸血鬼。

第七招：想像剪斷你和他人之間的光索

如果你感到自己和某個人不愉悅的身心狀態連得太緊，想像你的腹部延伸出一條光索，另一頭接在對方的腹部，接著溫柔地想著剪斷那條光索。你無意完全斬斷你和那個人所有的連結，你只是要拒絕他們身上不好的能量。接下來，想像你拿著一把剪刀，剪斷那條連接你跟對方身上負能量的繩索。先前我提到的患者泰瑞，我教她以這樣的方式隔離她母親的焦慮，但又維持住母女情分。

第八招：給自己獨處時間，重振精力

共感人需要獨處的時間，重新找回自己的力量。如果吸收了不好的能量，一定要找出時間獨處，重新找回自我。花個幾分鐘或更長的時間，讓一切安靜下來，不要有噪音、亮光、電話、簡訊、電子郵件、網路、電視、談話聲。在身旁沒人時感受自己的能量，至關重要，做自己最好的朋友可以滋養自己。此外，減少外在刺激，更能清除負能量。我為了對抗從別人身上吸收到的所有壓力，會讓自己非常安靜，往內探求，與自己的能量、自己的心連結。我是自身的主宰時，其他人的不舒服不會附在我身上。

> 有時候我必須獨處。我不是難過，也沒生氣，只是必須充電而已。
>
> ——網路媒體「正向力量」主持人，克莉絲汀·巴特勒（Kristen Butler）

第九招：讓自己身處大自然，練習接地

共感人熱愛大自然，身處大自然就像回到家一般。待在空氣新鮮、乾淨、綠意盎然的環境裡，或是待在水邊，都可以去除負能量。大地能散發療癒的作用。各位可以平躺在草地上，讓全身吸收大地的能量，沐浴在美好的感受之中！前文提過，「接地」的意思是打赤腳，透過腳感受大地的力量。光是用沒有鞋襪包裹的腳趾碰一碰青草，或是走在沙地或土壤上，就能卸下別人的能量，感受大地的滋養從腳底冒出來穩住你。那是一種美好的體驗。我喜歡光著腳——除非是天冷或人不在家，我從來不喜歡穿鞋。

我強烈感受到一年至少一次、隻身一人遠離這個世界的需求。我會事先計畫好休假，

在大自然或寧靜的地方釋放壓力，重新調整自己的身體。每年，我會在加州大索爾（Big Sur）美麗的紅杉林與海洋旁的依莎蘭學院（Esalen Institute），替敏感人士舉辦一次週末休憩之旅。參加者可以在那裡慢下生活步調，聆聽直覺，深深與自己的心靈連結。此外，我每年會安排幾次一個人到大自然裡休息，過不插電的生活，恢復體內能量。

第十招：晚上給自己充足的睡眠，白天也小睡片刻

睡眠可以修復共感人的身心，穩定神經系統。共感人疲累時，特別容易吸收壓力與症狀，也因此一定要睡飽。為了好好照顧自己，一定不能犧牲睡眠時間，每天晚上讓自己有機會恢復體力。壓力特別大的時候，多睡一點，白天也找機會來點短暫的小睡。睡眠是最好的良藥。以我個人而言，如果要處於最佳狀況，每晚至少要睡八小時。

睡前記得給自己一段寧靜的時間，回想一天當中發生的事，或是做一做冥想。不要用網路，不要看社群媒體，不要看帳單，不要有激烈的談話，不要聽新聞，也不要看有暴力畫面的電視節目（有人認為臥室只能用來休息、睡覺、做愛，不可擺電視機）。安撫人心的環境可以減少刺激，你會睡得更好，進入夢中另一個國度。緩緩進入夢鄉，對共感人尤其健康。慢慢醒來也比較理想，不要一下子就跳下床。早晨的時候，給自己時間回想夢境，讓床成為治癒你的殿堂。一位共感人開過玩笑：「我喜愛床的程度，遠勝過我對大多數人

的喜愛。」我懂那種感覺。我也喜歡我的睡夢時間。如果睡得不夠、夢得不夠，就會全身不舒服，更容易吸收他人的壓力。

第十一招：偶爾「斷線」一下

共感人需要定期遠離科技產品，科技產品帶來太多資訊，教人無法負荷。網路媒體（如臉書、Instagram、令人沮喪的新聞）會觸發情緒，讓我們難以入眠。我們很容易吸取虛擬世界的能量，所以一定要接觸大自然、冥想、從事網路世界以外能恢復精神的活動。偶爾戒用一下科技產品，可以大幅增加幸福感。

第十二招：旅途中的清淨妙方

不論是出差或旅行，外出的壓力將使我們暴露在日常生活中不常出現的有毒能量。機場、擁擠的機艙或火車、旅館、陌生人都是挑戰。以下幾點建議可讓旅途更舒適，你也不至於被擁擠的人群與封閉的空間擊敗。

在機場與飛機上靜心的方法

機場對共感人來講是一大挑戰。機場往往嘈雜、擁擠、匆忙，各式壓力能量四處流竄，共感人很容易感到精神無法負荷。對抗這種混亂的方法，就是專心待在你個人的能量場（energy bubble）之中。不要留意身邊行色匆匆的人們，專注於心的能量，安撫自己。候機時，我通常會把皮包、報紙放在隔壁的座位，隔出個人的空間。如果有人想坐那個位子，而那人的能量又讓我感到不舒服，我會收拾東西離開，不需要找理由。我以和善的態度換位子，不會憤憤不平。

待在飛機上也會帶來感官超載。密密麻麻的人群擠在一個密閉空間裡，會使共感人感到焦慮，無處可逃。以下是幾個讓你撐過航程的小訣竅：

- 把行李託運，讓自己不必搶機艙內上方的置物櫃。
- 選擇走道座位，隨時可以輕鬆起身，躲進廁所。
- 不要和一大群人一起擠著上飛機，等其他乘客登機後，再輕鬆走向自己的座位。
- 攜帶保暖衣物，空調可能太冷。
- 帶水在身上，隨時補充水分。
- 脖子上配掛可釋放負離子的空氣清淨機，淨化機上不新鮮的循環空氣。
- 利用耳機避開討厭的噪音，享受音樂，或是聆聽可提振精神的有聲書。
- 避免進行累人的交談。陌生人喜歡向共感人述說自己的人生故事。除非你真的想和某個人聊天，不然你可以讓自己散發「請勿打擾」的能量場。

- 靠冥想集中精神。
- 萬一碰上亂流，不要想著自己有多恐懼，把注意力放在雙腳上，穩住自己。別忘了，腳上有許多可以穩住身心的反射點與針灸經絡，即便你人在三萬英尺的高空也一樣。光是專注於自己的腳，就能把焦慮從頭部轉移到腳上，自然而然排掉焦慮的能量。

如何在飯店房間穩住自己

我建議噴灑玫瑰水或薰衣草精油（也可以兩個都噴），淨化空間，清除上一位飯店房客遺留的能量。此外，我還會做「三分鐘心的冥想」（Three-Minute Heart Meditation，見下文），排掉負能量。過去很多年，我經常不斷地更換飯店房間，找出能量最好的一間，但道場老師告訴我，更好的方法是就待在飯店人員安排的房間，自己想辦法淨化能量。

旅途中記得要補充水分，規律進食，吃含蛋白質的餐點，穩定自己的身心。共感人只要三餐不正常、攝取過多糖分、休息不夠，就很容易身心大亂，抵抗力減低，吸進不好的能量。如果吸進他人的壓力，試著呼出來。開始感到刺激過多或疲憊時，找地方冥想，集中心神。做好種種準備後，就比較能放鬆心情，在冒險的旅途中遇到更多樂趣。盡情體驗新文化、新地方，開心享受身為共感人的好處！

第十三招：「三分鐘心的冥想」

對抗身心不舒服的方法，就是立刻離開身旁的有毒情境，冥想一下，三分鐘就夠了。

在家裡、工作地點、公園長凳上或派對浴室裡，都可以冥想。

共感人自救法　三分鐘心的冥想

閉上眼睛，做幾次深呼吸，放鬆。將手掌放在心輪上，也就是胸口。專心想著自己喜愛的美麗景象，如日落、玫瑰、海洋、孩童的臉龐，感受愛在心中與體內湧現，讓這股愛意安撫自己。你被愛淨化之後，有毒能量就會離開。三分鐘就夠了，冥想內心的慈悲，感受壓力被那股能量清除。一天之中，隨時都可以靠著這樣的三分鐘冥想滋養自己。

各位也可以把這樣的慈愛，送進身體的特定區域，例如我最弱的地方是肚子。我感到吸進別人的症狀時，我會把手擺在腹部，把慈愛送進去，化解不適。各位最敏感的地方是哪裡？你的脖子？你有膀胱感染的問題嗎？頭痛？把慈愛送進這些部位，將有毒能量清除，不再滯留。

有時冥想自己的幸福不容易，冥想他人的幸福卻比較容易（同樣可以打開你的心門）。如果各位也是這樣，那就冥想他人的幸福。■

請經常回到你的心，心是無條件的愛的所在地。碰上壓力時，把手放在心上，感受溫暖、包容與愛。你是被保護的，你是被愛的，你很安全。

第十四招：充分活在自己的身體裡

共感人充分活在自己的身體時，是最受保護的時刻。請和自己的身體養成充滿愛的關係，不要恐懼身體、憎恨身體，或是活得像是一顆沒有身體的頭。共感人需要活在自己的身體裡，才能擋掉不好的能量。你的身體是靈魂居住的殿堂，請把身體當成朋友，而不是敵人。接下來的冥想練習，可以協助你完整住在身體裡，使你活在當下，享受喜樂。

共感人自救法　利用冥想，愛惜你的共感身體

找時間獨自待在一處美麗的空間。不要強迫心安定下來，而是轉換頻道。做幾次深呼吸，感受每一次的吸氣與吐氣，讓自己慢下來，好好觀照自己的身體。讓所有的負面念頭

流過，回到你的呼吸、神聖的氣，感受氣把你帶進更深層的自我，讓你的能量深深進入身體、細胞及器官。

觀照你的腳趾，動一動腳趾，留意腳被喚醒的美好感受。接下來，觀照你的腳踝，持續吸氣、吐氣，把注意力移到小腿，再移到膝蓋，接著一路向上，觀照你強而有力的大腿，感受到大腿的堅定。在心中感謝大腿撐住你。接下來，觀照你的生殖器與骨盆區。許多女性感到那一塊相當緊繃，你可以在心中說：「我知道你的重要性，我再也不會背棄你，我將學習認識你、愛你，你是我的一部分。」

現在，觀照你的肚子。你是否把緊繃、燒灼感，或其他不舒服的感覺壓在那裡？腹部的脈輪是我們處理情緒的地方，以正念觀照可以撫癒這個區域。好了，現在觀照你的胸部，也就是心輪的所在、無條件的愛的中心。讓這塊區域成為你的朋友，把愛送給自己，感受一股正面能量流過你的心。時常回到這裡，感受到滋養的能量。接下來，以同樣的方式觀照肩膀、手臂、手腕、美好的雙手。動一動，感覺一下每根手指，它們是心輪的延伸。

接下來，把注意力集中在頸部，溝通的脈輪在喉部。留意此處是否有任何緊繃感，造成你無法表達自己。把愛送至這一區。

再來是觀照頭部，感受自己美好的臉龐、耳朵、嘴巴、眼睛、鼻子，以及位於眉心的第三隻眼。這是直覺的所在。凝神時，你可能會透過心靈之眼看見紫色漩渦。最後觀照自己的頭頂，那裡是頂輪、白光的中心，也是你與「靈」連結的地方，感受這裡散發的靈感。

準備好結束冥想時，在心中對著身體出現的感受說聲「謝謝」，告訴自己：「我已經完全準備好當身心合一的共感人。」深呼吸數次，緩緩地、輕輕地睜開雙眼，完全回到周遭的環境，以更勝以往的方式覺察自己的身體。■

各位可以在各式情境中，運用以上十四招。經常使用，身體就不會累積壓力與痛苦。持之以恆，可以感受極大的好處，保護敏銳的天賦。熟能生巧，以上方法可以強化你的健康，你將感到更有活力。發現自己接收到別人的痛苦或情緒時，不要緊張，這種事常有。雖然你努力排掉負能量，外在能量仍舊會偷跑進來，但只要運用以上我分享的方法，不論碰上哪一種帶來壓力的情境，都能立刻照顧自己。

§

身心之間的連結，深深影響著我們的健康。記住，我們的想法具備強大的力量，負面的念頭會導致壓力荷爾蒙上升，加速老化，降低免疫力，增加焦慮，血壓隨之上升，引發心臟疾病。正面的念頭剛好相反，可以增加體內的腦內啡，也就是身體的自然止痛劑與幸福荷爾蒙，促進健康，鎮定心神。因此，我們應該練習正向的自我對話。也要記得愛惜自己，尤其是生病、壓力大、情緒低落的時刻。每天都告訴自己：「我有權健康快樂。」「活著總是有希望。」用正面的念頭取代負面的念頭，就能活得更幸福。

請盡最大的努力放鬆身心，隨遇而安，不論身處順境或逆境都一樣。讓自己緊繃，只會讓自己多受苦。我都告訴病患：「如果你身處地獄，那就放鬆吧，放鬆至少能讓你少受一點苦。」要是你人在天堂（這樣的時刻會愈來愈多），那就利用自己的共感能力，好好享受每一分鐘。

共感人誓言

我強大，充滿慈悲，正面處事，有能力排除體內所有的負能量與壓力。我努力使自己身心靈都健康。

第3章　共感人與成癮：從酗酒到暴飲暴食

共感人經常靠酒精、藥物、性愛、吃東西、賭博、購物或其他成癮，解決過度刺激帶來的不適感。為什麼共感人這麼容易出現這類行為？我們因為高度敏感，覺得承受不了，「刺激太多了」。自己的痛苦太多，來自他人的痛苦也太多。我們不曉得該如何處理感官超載的問題，於是麻痺自己，想要關掉念頭與感受，弱化感同身受的能力——然而不是每個人都意識到自己的這層動機。

研究已經指出，泰諾等止痛劑會減少同理心，或許這是共感人的潛意識想要大量服用止痛劑的緣故。我治療過的許多成癮病患都是共感人，共感能力或許解釋了敏感人士為什麼會想碰「止痛劑」，包括酒精、成藥、處方藥等。

我在舉辦工作坊和看診時都曾遇到有成癮問題的共感人，他們需要學著穩定並保護自己，而不是以不健康的方式自我治療。有一位女士告訴我：「有好多年的時間，我靠喝酒埋藏心中的感受。我愛看牛仔競賽，但一定要喝了酒才有辦法看，因為身處人群之中令我不舒服。不過我一旦學會了保護自己，便感到安全，不必喝酒也能享受樂趣。」有一位男士也一樣，出遠門時會喝很多酒，一旦學會保護自己，他卻發現：「我沒必要讓每個人的能量削弱我，也不必為了撐下去，在機場酒吧喝酒。」儘管有的成癮與基因、環境相關（例如被酗酒的父母帶大），身為共感人是成癮的重大原因。

靠成癮來處理敏感的天性，將付出很大的代價。當我們試圖適應這個帶來過度刺激的世界時，身心靈都被削弱，導致疾病、憂鬱、焦慮加重。成癮頂多只能短期解決感官超載的問題，久了就會失效，承受不了的感覺反而會加重。美國原住民的傳統文化認為，酒鬼與成癮者容易被惡靈附身，原因是他們過度使用成癮物質，使他們無法接觸自己的靈魂與身體，負面的力量輕鬆就能掌控他們。沒人希望自己發生這種事！

本章將教各位以健康的方式取代成癮。你需要留意哪些東西會觸發你的癮頭，還要下定決心使用本章提出的方法，才不會壓力一來就忍不住去碰自己上癮的東西。不論你是每隔一段時間或是經常出現成癮行為，你的目標是戰勝那個膽小、恐懼、上癮的自我，賦予自己力量，當一個強壯的高敏感人士。

換不同的策略與方法治療自己

共感人需要成癮以外的自我療法。美國的「十二步驟療程」（Twelve-Step Program）是協助人們遠離成癮物質、保持清醒的重要方法。有近三十年的時間，我都是「十二步驟療程」的成員，我個人的共感人應對技巧，以及我的教學，也因此受到影響。我在個人第一本著作《神奇的第二視覺》提過，我在少女時期因為出現共感人的預感而驚惶失措；此外，我從他人身上感染到的能量讓我難以負荷。我為了不再感應到那些東西，開始重度嗑藥、酗酒。由於我是內向的共感人，便濫用藥物來減緩焦慮，讓自己有辦法和朋友社交、參加派對，不再感到格格不入。我當時不懂如何運用其他方法，處理超過自身負荷的共感力、直覺與不安，全靠外在的東西關掉感受能力。我和許多共感人一樣，不曉得自己發生了什麼事。有了藥物和酒精帶來的緩衝後，我終於有辦法和朋友一起處在人群中，不再吸進他人的能量。這讓我鬆了一口氣，覺得自己像個正常人。

當然，酗酒嗑藥不是解決問題的方法。幸好在我走上自毀人生的道路、不曉得該如何自救時，上天垂憐，派人來引導我。在我發生本書第一章提過的恐怖車禍後，我的父母怕女兒會自找死路，強迫我去看精神科醫師。醫生告訴我，把自我的所有面向整合起來很重要，包括理智的那一面、情緒的那一面、身體的那一面、共感的那一面、直覺的那一面，還有靈性的那一面。就這樣，我踏上共感人的痊癒之旅。我在「十二步驟療程」中，學到基本的方法。

自我評估與十二步驟療程

雖然不是所有酗酒或成癮者都會受他人的能量影響，我觀察到許多人確實有這樣的體質。不幸的是，許多共感人沒獲得正確的診斷，不理解過度刺激與自己高度敏感的天性，是如何加深了自身的成癮行為。因此，關鍵是弄清楚自己是否藉著成癮行為，來應付高敏感的天性。要如何判斷？可以自問以下的問題：

- 我是否想過：「我如果可以不要吃這麼多東西／喝這麼多酒，人生會好很多？」
- 我是否曾經試圖停止暴飲暴食／濫用藥物一個月。雖然盡了最大努力，依舊只維持幾天？
- 我是否藉著自行服藥，來紓解社交焦慮或這個世界帶來的壓力？

各位要是懷疑自己倚賴酒精、藥物、食物或其他成癮行為，來解決共感人會碰上的感官超載問題，可以看看自己是否符合以下的描述，評估自己平日如何處理敏感問題。

自我評估　我在哪些時刻會喝酒／嗑藥／出現其他成癮行為？

- 太多自己或他人的情緒，讓我承受不了。
- 我情緒受挫，感到沮喪、焦慮或憂鬱。
- 情感受傷。
- 與他人互動感到不自在，覺得很彆扭。
- 睡不著。
- 在某個情境裡感到不安。
- 感到被批評、責怪、拒絕。
- 感到害羞、焦慮、無法與人社交。
- 一個人關在家裡，需要出門的自信。
- 我覺得好累，想要提振精神。
- 能量吸血鬼讓我精疲力竭。
- 我想逃離這個世界，把世界拒於門外。

得分代表的含義：

- 以上只要有任何一題回答「是」，你偶爾會藉由成癮行為來面對敏感天性。
- 回答二到五個「是」，你中度倚賴會成癮的事物，以治療感官超載的感受。
- 回答六個以上的「是」，代表你主要依賴成癮行為來處理敏感問題。

意識到自己所做的事，是掙脫束縛的第一步。不必感到羞愧，也不必責怪自己。你意識到自己的成癮傾向後，你能明白自己是如何處理共感人的敏感特質，也有辦法換成更有效的方法。如果你發現自己是用成癮行為來解決共感人的感官超載問題，你可以採取行動，自我治療。

首先，一定得找出你對什麼成癮。誠實評估自己一星期喝多少酒，或是使用多少成癮物質。你有多常因為受不了而大吃大喝一頓？你是否對其他事成癮，如性愛、愛、賭博、購物、工作、電玩、上網，好讓自己不那麼焦慮或感受到太多東西？好好關心自身的狀態，看看能否找出模式，瞭解自己是靠什麼治療心情。即使是一星期或一個月才做一次那樣的自我療癒，也可能有成癮問題。

第二步是明白不論是藥物、人、工作、再多的錢，**沒有任何**外在的東西，能讓你接受自己和你的敏感。快樂得內求，你必須學著去認識自己、愛自己、接受自己。這將是持續一生的發現之旅。你愈是逃離自己的敏感天賦，只會愈不舒服而已。佛陀教導我們不要皈依外物。我參加十二步驟療程時，一遍又一遍在生活中深刻體會到這個寶貴的真諦。

第三，打算解決自己的成癮問題時，可以考慮參加十二步驟聚會，例如「匿名戒酒協會」（Alcoholics Anonymous, AA）、「戒毒無名會」（Narcotics Anonymous, NA）、「過量進食者匿名組織」（Overeaters Anonymous, OA），都提供相關輔導。「匿名戒賭互助會」（Gamblers Anonymous, GA）與「債奴無名會」（Debtors Anonymous, DA），則提供財務方面的協助。輔導人際關係的十二步驟計畫，包括「嗜酒者家庭互助會」（Al-Anon，給酗酒者的親友參加）、「共依存症無名會」（Co-Dependents Anonymous, CoDA）、「性愛成癮匿名會」（Sex and Love Addicts Anonymous, SLAA）。此類聚會可以輔導你建立健康的人際關係，教你設下人際界限；劃清界限的能力對共感人來說特別重要。

前述所有的互助計畫都會探索成員的精神層面，利用十二步驟模式克服成癮問題。我大力推薦各位參加。別人的故事或許會讓你心有同感，學到如何在這個充滿壓力的世界，以正向的方式掌控共感能力，不必再靠喝酒、嗑藥、狂吃、性愛來麻痺自己。

找到「靈」的慰藉

十二步驟療程中，成癮者在接收愛的能量、重新找回力量時，靈性是不可或缺的元素。我們把自己弄到精疲力竭的原因，包含想要討好他人、過度警戒身邊的危險，或是在毫無防備的狀況下吸收他人的壓力。十二步驟療程教人們從更高的力量那裡獲得協助，而不是獨自想辦法消除不安感。「靈」想協助我們，但我們必須先求援。

癮頭很狡猾，會在我們最脆弱無助、背負太多東西的時刻冒出來，很難光靠意志力來抵抗。我建議借助以下的靈性步驟穩住自己。假設父親批評你，你的心很痛，或是職場上有一群能量吸血鬼包圍著你，又或是有太多的說話聲、光線、噪音讓你承受不住，只想擺脫一切，此時不要把手伸向一瓶酒或巧克力蛋糕，也不要瘋狂購物。你可以讓自己和更高的力量連結，讓它來安撫你的焦躁。無法冷靜下來時，就向更高的力量求助，離開恐懼的狀態，轉向愛。那股力量會帶我們回到自己的心，跳脫激動焦慮的狀態，回歸正軌。

靈性是你的朋友，會保護你，將你包裹在善與愛的強大力量之中。學習進入內心，傾聽「靈」，將使你在白天或黑夜的任何時刻，直接感受到自己應得的平靜及保護。各位可以把靈性想成上帝、女神、大自然、愛、善、慈悲的宇宙智慧、你的心的力量——想成什麼樣的概念都可以，只要你感受得到共鳴就行。靈性將把你連結至你的直覺；我認為直覺是神聖力量的延伸。雖然共感人通常原本就有很強的直覺，定期與「靈」調頻，就能進一步增強直覺。我大力推薦各位與「靈」建立活躍的連結，方法包括冥想、沉思、禱告、接觸大自然、閱讀靈性類書籍、聽宗教音樂、參加十二步驟聚會。

下次你又想拿起酒瓶、大吃大喝，或是再次從事其他成癮活動時，停下幾分鐘。記住，克服癮頭、恐懼、焦慮的祕訣，就是從成癮的渺小自我，換檔至靈性的力量。你可以藉由以下的練習，轉換至自身更高的力量，脫離無力承受的感覺，進入更開闊的覺知狀態，不需要麻痺自己就能感到自在。

共感人自救法 **向更高的力量求援**

一天至少挪出五分鐘，與自身更高的力量連結。在那段期間，暫停一下忙碌的生活，停止解決所有問題。找一個寧靜的空間坐下，可以是家裡、公園、大自然，或是簡單關上辦公室的門。坐定後深呼吸，慢慢放鬆身體。出現雜念時，想像那些念頭是空中來來去去的浮雲，不要抓著不放，永遠回到呼吸的韻律之中。

在安靜、鎮定的狀態下，在心中邀請「靈」出現。每個人認定的「靈」都不一樣。「靈」是一種能量，先往內而不是往外尋找，就比較容易感應到。感受「靈」在自己體內，在自己心中。不要過分運用理智，感受一股愛的暖意打開你的心，接著流遍全身。感受你自身的更高力量——真的感受到一股能量。你是否感到自身完整了？一股向上提升的力量？一切都會沒事？不論你感受到什麼，細細體會它。不要急，不要有壓力，讓那美好的感受進入全身。一旦感受過自身更高的力量，就能一遍又一遍再次與那個力量連結。

你也可以請「靈」提供特定的協助，例如「請協助我停止吸收惡霸主管的怒氣」、「請讓我在社交情境中不焦慮」、「請協助我的另一半理解我的敏感天賦」。效果最佳的方法，就是每次冥想只專心提一個請求就好。一次只提一個會讓效力增強，你也更容易追蹤結果。

結束冥想時，在心中對著「靈」說「謝謝」，恭敬地微微欠身鞠躬，向整場體驗致意，接著緩緩睜開眼睛。■

感到自己被情緒壓垮時，以上的冥想可以協助你快速放鬆。當你愈常和「靈」連結，就會愈來愈容易。有了「靈」的保護，你會感到更安全、更自在，沉浸於世界的正能量。身為共感人的好處，就是能夠心生喜悅，感受勝過常人的喜樂、同情、寧靜、熱情——這些全是滋養靈魂的體驗。只要我們克服成癮問題，就能摒除一切障礙，全心感受正面美好的人生。

我內在的「靈」比任何癮頭或恐懼都來得強大。我並不等同於我的恐懼。我能超越它。

——茱迪斯・歐洛芙醫學博士

我為了保護自己、穩住身心，一天會與「靈」連結數次，刻意保持強力、活躍的接觸。我有時只花十秒鐘確認，但也可以花更長的時間，一切依照自己的行程來安排。此外，我還會練習其他的共感人自救法，例如第二章提到的「三分鐘心的冥想」。我還會找時間獨處，恢復精力。在家時，我會坐進浴缸享受瀉鹽浴，釋放壓力。除此之外，我也會升起能量防護罩，不讓別人的能量影響我。我還會到大自然中散步，感受大自然之美。本書的每一章都會介紹自我保護的方法，各位可以多加利用，讓身心靈健康，尤其當你正在努力克服成癮問題時。

共感人吃東西：食物、體重與暴飲暴食

我在看精神科病人時，觀察到「過食」與「食物成癮」是共感人常見的問題。食物是一種藥物，可以穩定共感人的敏感身體，但也可能讓身體暴走。食物成癮是一種無法控制的情況，忍不住吃下過量的食物。對共感過食者而言，不先處理精神問題的節食法與減重

法，大都維持不了多久。共感人特別容易出現的食物成癮，不外乎戒不了糖或碳水化合物。間歇性的過食相較之下不算嚴重、成癮程度較低，但同樣會威脅到健康。

為什麼對共感人來講，食物成癮與過食是特別大的挑戰？我們可以從二十世紀早期的信仰療癒師身上找出一些答案。那些女性療癒師通常過胖，宣稱需要龐大的身軀才能保護自己，以避免吸進病患的痛苦及症狀。雖然這樣的因應機制的確有效，保護自己其實有更好的方法，也是接下來我想與各位分享的。

過重是一種避免讓自己吸收他人壓力的自我保護法。額外的體重會讓你感到更穩重，更能夠抵抗負能量。然而，攝取糖、碳水化合物或垃圾食物，只能治標，不能治本，效果只會持續一陣子，不健康又容易成癮。共感人的飲食失調症甚至包括大吃大喝後，想辦法催瀉。會這麼做的人，有可能是為了釋放體內的負能量，但他們自己卻沒意識到這層動機。敏感人士若沒意識到自己吃太多不健康的食物是為了自我保護，抵抗被擊倒的感覺或負能量，節食通常會失敗。只要我指出這一點，過重的共感人的人生有時就此改變。

各位大概懂得那種感覺。感官超載時，你會想吃點什麼來安慰自己。身材瘦削的人，特別容易吸收各式負面情緒。然而，世上有比「吃」更好的解決方法。多多運用本書分享的自我保護法，就能停止把這個世界的病症吸進體內——我身材算瘦，平日就是靠那些方法保護自己。意欲解決因共感體質過食的問題，辦法就是以更健康的方式穩定心情、自我保護，其中包括選擇更理想的食物。

自我評估 **你是食物共感人嗎？**

- 你是否在感到情緒無法負荷時暴飲暴食？
- 你是否藉由糖、碳水化合物、垃圾食物來安慰自己？
- 你是否對食物在體內產生的效果高度敏感？
- 糖、咖啡因、汽水、垃圾食物，是否令你情緒不穩、腦筋模糊或有中毒的感覺？
- 你是否有食物過敏或不耐的問題，如麩質或大豆？
- 你體重較重時，是否覺得比較能抵抗壓力？
- 健康、乾淨的食物是否能帶給你活力？
- 你是否對食物中的防腐劑敏感？
- 你身材較瘦的時候，是否感到比較無法抵抗壓力？

得分代表的含義：

- 回答一到三個「是」，代表有輕微的食物共感傾向。
- 回答四到六個「是」，代表有中度的食物共感傾向。
- 回答六個以上的「是」，代表你是食物共感人。碰上壓力、心情低落時，你靠食物自我療癒。

共感人的身體系統高度敏感，需要加以注意。我們對食物的反應強過他人。由於食物是能量，共感人能察覺不同食物是如何影響身體。因此，為了自己的身體好，一定要慎重選擇食物。我治療過吃純素的病患，他們選擇吃素，因為他們的身體感受得到動物被屠宰的痛苦。由於共感人對食物有著強烈的反應，記得留意哪些事物會引發過食，並利用以下的練習，讓自己不必靠吃東西，也能安定身心。

共感進食者

各位如果是共感進食者，你需要找出刺激你過食的能量壓力源，比如令人精疲力竭的同事、爭論、被拒絕的感受。訓練自己一碰上那些負能量，就立刻排出體外，平衡你的系統。以下幾個小方法可以釋放負能量，不需要暴飲暴食：

一、**靠呼吸把壓力排出體外：**感受到壓力時，立刻專注於呼吸，慢慢深呼吸，釋放負能量。我們因恐懼而屏息時，等於是把毒素留在體內。

二、**多喝水：**感受到負能量、心中冒出大吃大喝的衝動時，喝過濾水或山泉水。水會帶走各種穢氣。一天至少喝六杯水，不斷排毒。此外，泡澡或沖澡也能釋放負能量。

三、**限制糖的攝取量：**你很想吃糖、攝取碳水化合物、喝酒，但那些東西會讓你情緒不穩、喜怒無常，更容易吸收不請自來的壓力。

四、**吃蛋白質：**蛋白質可以安定神經系統，穩住共感人。最好一天攝取四到七次少量的蛋白質餐。這種養生法使你感到更有活力、更安全，也更安穩地待在世上。如果你吃純素，一定要攝取足夠的蛋白質。我一天之中會不斷攝取少量的蛋白質，以及含優質蛋白質的點心，如人道飼養的雞隻、草飼有機牛、野生打撈的魚。外出時，比較難維持這樣的飲食，因此我隨身攜帶蛋白質零食，像是堅果、火雞肉乾，以及沖泡式的蛋白質粉。不要因為外出時不容易吃到好食物，就讓自己喪失能量，心緒不寧。

五、**別讓血糖值下降：**共感人特別容易因為低血

有的人靠多餘的體重，給自己披上一層盔甲，以抵抗外界壓力。請學著用更健康的方式保護自己纖細的心靈。

——茱迪斯．歐洛芙醫學博士

糖而不舒服。如果你生活忙碌又低血糖，絕對會感到力不從心。時間到了就要進食，尤其是當你待在擁擠的地方、外出、公司開會的時候。共感人碰上低血糖，一定會產生疲倦與無力感。

六、**吃大量蔬菜：**如果你容易過食，體重增加，那就吃大量的蔬菜填胃，抑制想吃東西的欲望。也可以外加一些全穀食物，但分量不要過多，以免造成碳水化合物成癮。

七、**健康的油脂是好東西：**好的脂肪不會讓你肥胖，反而可以在一天之中持續帶來能量，不會因為太餓而想吃很多東西。記得在餐點中加進橄欖油、椰子油、各種堅果油。也別忘了吃富含 omega-3 的食物，如鮭魚、omega-3 雞蛋、亞麻子。酪梨、堅果、豆類也是健康油的良好來源。我曾經傻傻地吃低卡、低脂、低碳飲食，結果喪失好脂肪提供的活力。今日的研究顯示，吃正確的脂肪甚至可以減重。壞脂肪才要避開，如氫化油、袋裝食物中的反式脂肪。那種脂肪會堵塞動脈，引發疾病。

八、**限制咖啡因攝取：**共感人通常對咖啡因過敏。我喜歡每天來一杯咖啡，但咖啡會使我過度興奮，所以我不會喝太多。如果你感到自己需要兩杯咖啡，可以混合含咖啡因及無咖啡因的咖啡。許多共感人感覺攝取少量咖啡因後，更能抵擋負能量，但攝取太多又會緊張、疲倦、容易吸收他人的症狀與壓力。別讓自己無意間攝取過多咖啡因，有些軟性飲料也可能含有咖啡因。其實，完全不喝飲料最好，因為內含太多糖分。花草茶與無咖啡因的茶可以鎮定神經（洋甘菊尤佳），調節過載的感受。

九、爲能量而吃：有機、新鮮、未精製、本地生產、非基因改造的食物，可以提供最多精力。測試一下各種食物，看看哪一種能帶來最持久的能量、哪些不行。我稱之為「試吃調整」。我們如果待在高度正能量的環境中，例如振奮人心的工作坊或會議，有時會食欲大增，因此一定要吃正確的食物。以我舉辦的週末直覺工作坊為例，參加者通常會特別餓，因為他們長時間冥想，探索各種新型療法。食物可以穩定身體，讓我們處理更多能量。感受一下不同食物在體內的感覺，只吃能以健康方式提振精神的食物，就能避免食物成癮。一定要記住，你的身體愈舒服，這個世界就愈沒辦法奪走你的精力。吃乾淨飲食的共感人，一般來說比較健康、堅強、沒那麼脆弱。

■「活的食物」使共感人健康

「活的食物」帶給身體的能量感受，不同於「死的食物」。由於共感人對能量很敏感，我們分辨得出活的食物跟死的食物。各位可以靠著以下幾種直覺法，找出不同食物帶來的活力，選擇能滋養身體的食物，避免食物成癮問題。

「活的食物」散發光澤：活的食物有香氣、美味、帶來活力、有機，不含化學成分與防腐劑能提供帶來平衡感的潔淨能量，不會讓你暴飲暴食。比較一下自己種的番茄，以及許多市售、大量生產的番茄，兩者帶來的能量與口感有何不同。訓練自己吃活的食物，來支持敏感的身體。

「死的食物」顏色黯淡：死的食物缺乏香氣，吃下肚後沒有滿足感，不會補充精力，反而吸走精力。死的食物含有防腐劑、化學成分，或是添加了營養成分。死的食物會引發脹氣，讓我們不舒服，腦袋一片霧茫茫，想狂吃糖分跟碳水化合物，因此要特別小心，不要把死的食物吃下肚。

十、**測試自己是否有食物過敏**：共感人很容易對化學物質敏感，也容易出現食物過敏，如麩質、大豆、酵母都是過敏原。請醫生檢查你是否對特定食物過敏，或是對麩質敏感。只要做簡單的血液及唾液測試，就能找出答案。萬一過敏，平日盡量避開那些東西，好增強精力，減少腸子等身體各部位的發炎反應，腸躁症或其他腸胃不舒服的症狀就會隨之緩解。

除了前述提到的十條原則，壓力大的時候，以下的自我保護法，也能幫助你抵抗暴飲暴食的欲望。

共感人自救法　**把蒲團放在冰箱前面**

如果各位傾向以額外的體重來保護自己，而且容易食物成癮，可以在冰箱前面擺上蒲團。每次想大吃大喝時，蒲團帶來的視覺線索，將阻止你打開冰箱門，提醒你應該冥想，而不是吃東西。

不要伸手拿食物，改成坐在蒲團上，閉上眼睛，呼吸數次，讓自己靜下心。找出是什麼原因促使你想吃東西。碰上亂發脾氣的親戚？感到孤單寂寞？今天碰到太多人，覺得精神壓力很大？去一趟購物中心累了？好好對待自己。很想吃東西的時候，想像一股愛流過體內，感到自己被愛滋養，恐懼與不安都消失不見。好好享受這種自我撫癒的感受，藉著冥想穩住情緒與能量。深深地吸氣、吐氣，一切都會沒事的。■

食物也可能剝奪你的元氣。記得養成良好的飲食習慣，讓食物具備穩定心神的作用，而不是讓你神經過敏。如此一來，你就能從食物中獲取最大的能量，而不是把暴飲暴食當成一種防衛機制。只要懂得如何保護自己、穩住自己，就不會再有想戒卻戒不了的癮頭。

遵守本章的建議會讓你更健康。共感人一定要評估自己和食物與健康的關係，並留意成癮跡象。好好保重身體。身體健康後，就比較不容易感官超載，進而避免成癮的行為。

共感人誓言

我聽從身體的智慧，吃健康的食物，練習照顧自己。我會治療成癮問題，讓身心靈達到平衡。

第4章 共感人的性與愛

共感人由於生性極度敏感，親密關係經常是他們過不去的關卡。親密感能夠打開我們的心，讓我們充滿愛意，誠實表達自己的需求。共感人若要享有美好的親密關係，就得學著敞開心房溝通，設立明確的界限，讓自己放鬆地接納他人，不至於被親密關係壓垮。

正確的伴侶關係可以帶給共感人力量。被珍惜、仰慕，都能使我們強大。共感人若能擁有善解人意的伴侶，敏感的天性受到尊重，就會感到安心，覺得背後有一股支持的力量。然而，親密關係雖有種種好處，對共感人來講，時時刻刻都得和別人相處不是一件容易的事，他們會感官超載。因此，共感人覺得談感情太累，有的人甚至會想逃跑。這是怎麼回事?由於性格敏感的人往往在不知不覺中，被另一半的情緒與壓力感染，若是不懂得設下界限，我們會害怕在一段關係中窒息。

共感人因此感到進退兩難：我們希望有人陪伴，但又感到不安心。我自己也一樣，共感人經常自我矛盾，想要被愛，但也想要一個人待著。被需要的感覺很好，但別人的需索無度使我們疲憊。我們希望擁有豐富的內心世界，卻也希望有人一起生活。不論是讓自己與世隔絕、壓抑心中焦慮、戰戰兢兢地過日子，抑或是逃離人際關係，都不是解決之道。我們該怎麼做？答案是學著引導並保護自己的敏感天性，在自己與伴侶之間設下明確的界限。本章將帶領大家瞭解可以怎麼做。

尋找靈魂伴侶：你是否被不屬於你的人吸引？

當我舉辦工作坊或執行精神科醫師的業務時，有一件事總是令我訝異。有好多敏感人士希望擁有長期的親密關係。雖然他們努力約會，也願意請別人介紹交往對象，或是加入志同道合的社交團體，他們依舊維持單身，或是被「不屬於他們的人」吸引。

我懂他們的心情。長期以來，我一直渴望擁有另一半，然而我的模式是，我會愛上一個人幾年，但終究走不下去。我很珍惜有人陪伴帶來的安慰與熱情，只是我需要花很長的時間，才有辦法放心說出我的共感人需求——我甚至到現在還在學習這一課！我因為不曉得要如何處理感官過載的問題，常常感到無力承受，最後只好逃跑。此外，我需要大量的獨處時間，好處理自己在關係中的情緒問題，這樣我和伴侶相處時，才有辦法專心、少一點矛盾——直到最近，我才發現獨處對我來講有多重要。接著，我會恢復單身。單身雖然比較孤單，但情緒上就解脫了，不必處理他人的需求。我得加倍體諒自己在人際關係中容易感官超載，那並不是我的錯。

即便到了今日，不論我有多愛、多尊重伴侶（或任何人），只消相處時間太長，我就會感覺身旁刺激太多。對方會惹到我，然後我就開始感到焦慮。我的共感挑戰是平衡「獨處時間」以及「與另一半相處的時間」。共感人需要由體貼的另一半慢慢引導，一起找到雙方都能接受的相處時間。萬一碰上無法折衷的日子，就讓我一個人靜靜待著。我感謝另一半能夠體諒，共感人有時不是很好相處。中場休息對共感人來講很重要，我們需要獨處時間才不至於瘋掉。親朋好友必須諒解這一點。

共感人為什麼難以找到靈魂伴侶？只因為「適合的人」不夠多？還是我們太神經質了？都不是。我在私底下，以及幫病患做心理治療時，發現了另一個原因。瞭解自己是親密關係共感人之後，我終於知道問題出在哪裡。共感人善解人意、直覺敏銳、關心他人，然而我們有如避震器，我們的神經系統高度敏銳，一有風吹草動就出現強烈反應。高度敏感的好處是我們

> 由於我是共感人，一輩子經常陷入掙扎，想得到愛，卻也想要獨處。
>
> ——茱迪斯・歐洛芙醫學博士

能與伴侶的情緒同步，甚至有心電感應，同時也是理想的熱情性伴侶——但麻煩的是，我們也會接收到他人的壓力。我們與一個人的關係愈親密，就變得愈敏感，因此共感人在談戀愛時，經常會因為相處帶來的額外刺激，感到疲憊不堪、心力交瘁。這種敏感和一般的同理心不同。一般的同理心是指伴侶要是工作碰上不順心的事，有辦法表示同情，然而共感人會陷入伴侶的快樂或憂傷之中，彷彿碰上事情的人是自己，因此浪漫關係對共感人來講是很大的挑戰，尤其是同住一個屋簷下。

各位如果還沒發現自己是共感人，不曉得自己會吸收伴侶的壓力，你可能會下意識避免談戀愛，或是被不可能愛你的人吸引。這種現象反映出你恐懼情緒過載。你碰上的循環是有一部分的你渴望擁有靈魂伴侶，但也有一部分的你害怕被掏空、被困住，失去自我。你和一個人愈是親密，你的共感能力和焦慮感也變得愈強。那就是為什麼共感人經常選擇「得不到的人」。對方如果是得不到的人，雙方的關係就永遠不會過於親密，共感人就不會碰上親密感帶來的恐懼。舉例來說，共感人可能會談沒有結果的網戀，或是挑那種騎驢找馬、若即若離的情人，一直尋求自己得不到的愛情。共感人有時還會被喜新厭舊者吸引，甚至他們自己就是喜新厭舊的人。他們享受關係蜜月期的快樂，一旦兩人變得更親密之後就抽身，因為感覺「太多了」。

「連結」與「依附」不一樣

共感人經常愛上錯的人，因為他們看見對方的「潛能」，想讓對方成為更好的人。共感人的邏輯是：「只要我好好愛這個人，他就會對我敞開心房。」共感人本身非常善良，可以理解他們為什麼會這樣假設，但事實通常不是這麼回事。健康的人際連結（connection）是指伴侶雙方深深投入這段關係，兩人都願意向對方打開自己的心。依附（attachment）則不一樣。依附是指我們死命抓住一個人，希望那個人有一天會改變。這種事很危險，因為我們會一直離不開不可能愛我們的人，無法從有毒的關係中抽身。各位如果渴望親密感，記得要尋找等不及要和你在一起的人。

我治療過的共感病患中，有的人強烈感受到某個人是自己的靈魂伴侶。然而那個「靈魂伴侶」並沒有選擇他們，也沒回報相同的情感，共感人因此感到困惑。這樣的共感人感受到的東西是真的，只不過那份情感大概來自其他時空，如同相信前世的人會說的，你們這一世不會在一起。此時，共感人落入的陷阱是依戀他們有感覺的那個人，單方面付出愛，一直等、一直等，直到有一天對方也會愛他們，但那一天很少到來。我告訴病患的原則是，如果一段感情真是天註定，自然會發生，不必死命抓著眼前這個不屬於你的人。

害怕承諾

我自己雖然和別人同居過，但不曾結婚。為什麼沒結婚？我經常思考這個問題。在我心底深處，我害怕被困在沒有出口的錯誤關係中。此外，我也恐懼自己因為是共感人而付出太多，自己的需求卻被無視，那會使我心死。我讀到自己的舊日記時，發現自己一九八八年就在哀嘆為什麼找不到伴，更別提會體諒我極需要獨處時間的理想伴侶。

我學到既然身為共感人，就必須以有創意的方式，誠實地和伴侶對話。我的道場老師講過一句話，他說要是你和伴侶沒有敞開胸懷，一起努力成長，「靈魂伴侶可能變成一起坐牢的人。」待在不溝通的關係裡是很痛苦的一件事。你在世上最愛的人，感覺像是變成敵人。對共感人來講，一段關係要是缺乏相互理解，不可能幸福。

今日的我更能說出自己的需求，我現在的伴侶也願意聽我說話。他不害怕我強烈的情緒，我因此有安全感。我這輩子在和男性相處時，一直擔心自己會因為「情感太強烈」而嚇跑對方。

敏感人士如果要放心對伴侶敞開胸懷，首先必須找出自己是否是親密關係共感人。如果是，可以設下合適的界限，勇敢說出自己的需求。此時，才可能培養親密感。

自我評估　**我是親密關係共感人嗎？**

回答以下的自我評估問題，找出自己是否為親密關係共感人：

- 我是否吸收伴侶的壓力、症狀、情緒？
- 我是否害怕在親密關係中窒息或失去自我？
- 相處時間太多，是否令我感到焦慮？
- 我是否需要獨處的充電時間？
- 我是否有時比較喜歡一個人睡？
- 我和伴侶在一起時，是否受不了他看電視或講電話的聲音？
- 我是否很容易情感受傷？
- 爭論是否讓我感到不舒服或疲累？
- 我是否很難設定人與人之間的界限，也無法說出自己的需求？
- 外出旅行時，我是否寧可和伴侶睡相鄰的兩間房，而不要共處一室？

得分代表的含義：

- 回答一到兩個「是」，代表你有輕微的親密關係共感人傾向。
- 回答三到六個「是」，代表你有中度的親密關係共感人傾向。
- 回答七個以上的「是」，代表你有強烈的親密關係共感人傾向，你需要學習處理敏感天性的方法，才能擁有一段成功的關係。

選擇伴侶要慎重：替自己找情緒能相互配合的另一半

瞭解自己是親密關係共感人之後，就可以開始移除障礙，找到能滋養心靈的伴侶關係。要從哪裡開始？你要做好心理準備，重新思考伴侶的定義，拋棄過去對婚姻的刻板印象，放下擁有親密伴侶是怎麼回事的成見。

在靈魂伴侶的關係中，雙方都致力於讓自己和對方成長。靈魂伴侶並非完人，一個人一生可以擁有多個靈魂伴侶。我的道場老師說，我們選擇要和誰在一起時，必須決定我們最能忍受哪些問題！不過，不論一段關係為時兩個月、兩年、二十年或一生，都能教我們敞開自己的心，治療內在的傷口。

共感人必須和伴侶商量彼此要共度多少時間，確認彼此都滿意那樣的安排。例如我有一位病患只和伴侶共度夏天與假日，兩個人都能夠接受這樣的作法，因為他們的孩子已經出社會了。有的伴侶喜歡遠距離戀愛，只在週末見面也沒關係。我有一些共感人病患喜歡另一半是醫生、律師、機師或經常需要出差的人士，這樣他們就能享有更多獨處的時間，或是多和朋友相聚。共感人如果在家工作，另一半也一樣時，他們精神上經常會受不了。此外，共感人喜歡伴侶過著充實的生活，出去找朋友、發展嗜好、找時間運動或從事各式活動；伴侶如果大多數時間都和自己黏在一起，共感人會感到精力被吸光。共感人的關係如果能走下去，通常是因為有分開的時間。伴侶應該花多少時間在一起，沒有對錯可言。我誠心建議一定要找出讓自己最舒服的安排。

誰和共感人最合拍？我在《讓情緒自由》（*Emotional Freedom*）一書中，探討過共感人最常見的三種情感類型，不過有的人是混合型。瞭解靈魂伴侶屬於哪種類型，就曉得如何互動。此外，你也能夠掌控自己的情緒，不會一直被伴侶牽著走（靈魂伴侶就是有辦法對我們做這種事！）。掌控自身情緒的意思，不是壓抑你的感受或是不管它。你要抓到平衡，治癒自己的弱點，讓自己擁有最強大的力量。

要如何找到和自己合拍的伴侶？共感人比較是透過能量，而非話語，感受到與他人的靈魂連結。留意你對他人能量的感受，看看那個人說的話，是否符合他的能量。是否有哪裡不對勁？你是否無緣無故想躲開？共感人碰到不真誠的人會愣住。你的直覺是否要你小心，還是有哪裡不太對勁？如果你懷疑某個人的言行與能量不一致，慢慢來，等對方證明值得你愛再說，不要太快交出自己的心。靠你的直覺去找出那個人真正的樣子。

什麼樣的人適合共感人？那要看你的個性與需求。你必須判斷自己喜歡哪種類型的人，或是混合型的人，以及和什麼樣的人在一起會最長久。以下列出幾種類型，有可能外向，也可能內向。

類型一：動腦型／重度思考型

動腦型的人擅長分析，喜歡想事情，借助邏輯與理性思考看待這個世界。他們碰上衝突時會保持冷靜，通常不讓自己有情緒，不輕易信任直覺。此外，他們不會衝去參加娛樂或享樂活動。動腦型的人很適合當某些共感人的伴侶，因為他們的邏輯可以和情緒豐富的共感人互補，當共感人的後盾。

■協助共感人和動腦型人士溝通的小訣竅

- **開口要求幫忙**：動腦型的人喜歡解決問題。明確告訴動腦型的人，他們可以如何協助你解決一個問題或做一件事，他們就完全知道如何伸出援手。

- **一次只提一件事**：碰上太多「無從解決」的情緒時，動腦型的人會無所適從。舉例來說，你可以告訴動腦型的伴侶，你是共感人，過完忙碌的一天時，你需要獨處幫自己充電。記得要事先讓對方明白，你想要獨處，不是因為不想見到他們，他們沒做錯事。
- **定期溝通**：隨時與動腦型伴侶溝通，把話講清楚，表達對彼此的愛意。

協助動腦型人士和共感人溝通的小訣竅

- **呼吸**：如果頭腦卡住了，練習「箱式呼吸法」（box breathing）。方法很簡單，靠鼻子深深吸氣，數到六，接著閉住呼吸，數到三，最後靠嘴巴吐氣，數到六。反覆多做幾次，你將放鬆下來，思緒不再混亂，更能與眼前的共感人伴侶溝通。
- **運動**：不論是散步、游泳或健身房運動，都能增加身體的覺察力，穩住激動或慌亂的思緒，使你放鬆，更能鎮定與伴侶相處。瑜伽也是很好的運動，可以協助動腦型的人放開執著，順其自然，共感人會感激這點。
- **拿出同理心**：討論共感人的情緒議題之前，問自己：「我如何能用心來回應，不僅僅是用理智來回應？」此外，不要試圖一下子就要「解決」共感人碰上的困境。

類型二：共感人／情緒海綿

共感人是溫柔、能支持你、情感豐富的伴侶，同時高度感受到自己與另一半的情緒。人們經常問我：「兩個共感人在一起，能擁有一段良好的關係嗎？」絕對可以。這種組合在心的層次有非常美好的連結，雙方能懂得彼此，不必解釋太多。然而，這種組合要成功、維持長期的和諧，雙方必須持續分享共同的需求。兩個同時被擊倒的共感人，情緒會非常緊繃。高敏感人士之間的關係，必須靠相互理解來維持，而且兩人要各自擁有可紓解情緒的空間。

我治療過許多雙方都是共感人的伴侶，我教他們尊重彼此的敏感天性，不要被對方的情緒帶著走。「共感人＋共感人」組合的好處是，一方很容易理解另一方的感受，比較麻煩的則是找出個人需求，設下界限，使自己安心、鎮定。共感人被勾起情緒時，需要暫時冷靜一下，讓自己減壓。當兩個共感人同時被太多情緒擊倒時，會讓彼此的焦慮雪上加霜。此時，各自都需要單獨的安靜空間放鬆下來。兩個共感人的相愛過程通常挑戰性十足，但這樣的伴侶的確可能走得比較長遠。

■ 協助兩個共感人彼此溝通的小祕訣

- **讓彼此每天有分開的時候，放鬆心情**：短暫的獨處時間可以穩定情緒，恢復精神。到外頭走一走，或是在自己的房間裡獨自冥想。專心吐出胸中的焦慮、恐懼等鬱結的情緒，不要累積在身體裡。中場休息過後，兩個共感人伴侶就能清空煩惱，好好珍惜彼此的相處時間。
- **保護自己的細膩性格**：記得雙方都要列出自己的前五大情緒地雷，一起擬定計畫，看要如何處理，避免陷入驚惶失措。例如雙方可以同意參加活動時，兩個人各自開自己的車過去，這樣萬一有一方需要先回家，另一人也不會覺得自己被困在社交場合中。
- **一起冥想**：這能幫助雙方做無聲的靈性交流，強化彼此的連結。

類型三：岩石型／安靜、堅如磐石

岩石型的伴侶堅定不移、可靠而穩重，永遠是可以依靠的對象。在岩石型的人身旁，共感人可以放心表達情緒，因為他們不會大驚小怪，也不會批評你。岩石型的伴侶是可以依賴的人，知道這個人不會變，共感人會感到安心。然而，岩石型伴侶很難分享自己的感受，共感人會一直試著讓對方說出心底的話，但這不是一天、兩天就能成功的事。共感人會感到沮喪，覺得被岩石型伴侶拒於門外，甚至感到對方個性無聊。

共感人與岩石型的人可以是很好的組合，平衡著彼此。岩石型的人可以向共感人學習清楚表達情緒與情感，共感人則可以學習岩石型性格的穩重。岩石型的人並非沒有感受，只是他們需要在愛的支持下，才有辦法說出來。他們的腳穩穩踩在地上。

■協助共感人和岩石型的人溝通的小訣竅

- **表達感激之情**：定期感謝岩石型伴侶的正面特質。岩石型伴侶被肯定對雙方關係有重大貢獻時，眼睛會亮起來。
- **提出增進親密感的請求**：為了加深雙方的感情，要求岩石型伴侶一天至少表達一種情緒，如「我很高興」、「我愛你」、「我很焦慮」。
- **共享大自然時光**：雙方一起參加體能活動，在大自然的環境下，讓彼此的心更貼近。

■協助岩石型的人和共感人溝通的小訣竅

- **動起來**：主動發起情感的互動，不要只是回應另一半。
- **表達你的感受**：別忘了，顯露情感可以讓伴侶明白你有多愛他們、有多願意為他們付出。
- **肢體接觸**：擁抱或用手臂環抱另一半——共感人喜歡那樣！

我個人和岩石型的伴侶處得最好，勝過同為共感人的組合。我的另一半穩如磐石，而且聆聽我的情緒時，不會被我的情緒捲走。對我來講，和另一個共感人在一起太累了。我喜歡安靜自持的伴侶，不喜歡對方一直講話、不斷分享自身的情緒狀態。

伴侶一定要尊重你的敏感天性

共感人的下一步是問自己，那個可能和你在一起的人，是否尊重你的敏感性格。彼此進一步認識時，說出你生性敏感，平日會強烈感受到情緒，也重視獨處時間。如果對方是對的人，他會理解的。如果是錯的人，則會批評你「過度敏感」——聽到這種話，你就知道這個人大概不適合你。

我平日建議病患靠「感性ＩＱ」（sensitivity IQ）篩選約會人選。什麼是感性ＩＱ？接下來的測驗可以協助各位瞭解。

自我評估　判斷伴侶的「感性ＩＱ」

- 對方是否溫柔待你、尊重你？
- 他是否關心他人、有好朋友？
- 他對待善待停車場人員或服務生，態度是否和善？
- 愛與友誼是否是他人生的重要事項？
- 你設下界限時，對方能否體諒？
- 他是否善待孩子和動物？
- 他是否喜歡大自然？
- 他是否尊重地球，主動做環保？
- 他是否大部分時間都無私地給予？

- 最重要的是，他是否有愛人的能力？

得分代表的含義：

- 七到十個「是」，代表你的對象有高感性 IQ，太好了。
- 三到六個「是」，代表你的對象有中等的感性 IQ。
- 三個以下的「是」，代表低感性 IQ。除非他們接受輔導或治療，讓自己成長，否則這個人能否當體貼的伴侶，值得懷疑。
- 零個「是」，代表快逃，另外找個比較能感知他人情緒的伴侶。

不是所有的共感人都想要或需要長期的靈魂伴侶，不想要也沒關係。不是每個人都一定要找到伴侶。人能夠以各種方式成長，不一定要有伴。有時共感人需要單身一陣子，才有辦法成長與療傷，這也無妨。某位共感人曾告訴我：「我開心過了三年單身生活。我談感情時，太容易把對方擺第一，忽視自己的需求，最後變得不開心。單身的時候，我覺得自己比較有力量，談戀愛會讓我忘了自己。不過，我的確希望有一天自己也能在一段關係中獲得力量。」

共感人如何從親密伴侶關係中獲得力量

研究顯示，敏感人士比較可能單身、離婚、分居，結婚機率也低。一種解釋是，由於共感人與敏感人的特殊需求，婚姻對他們以及他們的另一半來講，挑戰性更高。

然而，如果你渴望親密感，如何才能打造一加一大於二的伴侶關係？我要再次強調，你一定得好好和對方溝通你的共感人需求。關鍵是妥協。你也要聽進伴侶的需求，兩個人才能找到平衡。你不想被迫成為你不是的人。共感人要過著表裡如一的生活，如此才會帶來信任與接納。一位共感人告訴我：「我先生接受原本的我。他的接納讓我學會做真正的自己。」

不論兩個人有多適合，共感人談感情時，有些事一定得解決。如果你正要或是已經展開一段長期關係，你可以依據以下幾點，和另一半討論如何愛共感人，以及你們會碰到的常見挑戰，討論要如何調整，才能擁有成功的關係。

> 說出你的共感需求。為了讓別人自在，假裝自己不敏感，太辛苦了。
>
> ——茱迪斯·歐洛芙醫學博士

共感人的十二個戀愛祕訣

一、重視固定的獨處時間，讓自己有機會減壓與冥想

對共感人來說，在一段關係中有獨處時間是一種自保方式。獨處時間不是一種奢侈品，你要平衡「與人共處的時間」與「獨處時間」，定期挪出減壓的「黃金時間」。此外，你要養成習慣，一天之中給自己多次短暫的中場休息。告訴伴侶這件事對你來說有多重要。共感人需要獨自思考與處理情緒的時間，才有辦法重振精神。此外，中場休息讓你有餘裕消化你們之間遇到的問題，你將更清楚兩人該如何相處。有時你們可以安靜地共度時光——你並不想要自己一個人，你只是不希望受到干擾。好好向另一半解釋這件事，他們就比較不會覺得你把他們推開，不想和他們在一起。是你個人以及你有敏感體質的緣故，不是他們做錯了什麼。

需要獨處時間是共感人會碰上的典型問題，這有方法可以解決。我在宣傳新書期間，一整天和很多人待在一起之後，會覺得不想講話。這種時候，我的伴侶會打電話到我的旅館房間，安靜地交流，什麼話也不說，只是靜靜聽著電話。和我愛的人這樣做，感覺很棒，不必講話，卻依舊感受到彼此的存在。我和伴侶喜愛彼此，他是個非常貼心的人，但我們還是得處理共感人會碰到的情況。我有強烈的隱士性格，所以我們必須想辦法協調。親密

關係需要犧牲與妥協；共感人投入親密的夥伴關係時，不能失去自我。我們需要在這當中找到平衡。

二、討論兩人要花多少時間社交

相較於其他非共感人士，共感人能忍耐的社交有限，尤其是內向的共感人。別人喜歡呼朋引伴的事，我們寧願一個人。曾有共感人告訴我：「我寧願在家看 Netflix，吃外帶，也不想參加派對。」另一位共感人說：「我喜歡人，但失去獨處時間很恐怖，就好像不能呼吸一樣。然而，太多一個人的時間，又會使我感到脫節。」萬一另一半不是共感人，究竟要花多少時間社交，你們得試著相互妥協，找出雙方都能接受的安排。

有一次，我和伴侶到巴哈馬度假，我們住的 B&B 旅館，每個人都一起用晚餐。我的伴侶喜歡跟大家一起吃飯，覺得可以認識有趣的人，但我有時不想社交，也不喜歡閒聊。要我認識一群陌生人，簡直讓我發瘋，因此我們討論該怎麼辦。一個方法是我自己待在房間裡用餐，我通常會這樣做，這樣我比較自在，但我也不想錯過和伴侶相處的時間，所以最後我們妥協。我們先在碼頭一起吃晚餐，只有我們兩個人。吃完後，我享受獨處的時間，他則去認識其他房客。這個妥協的辦法行得通，因為我們兩人能各取所需。

我認識的一位共感人碰過類似的情形。坐遊輪時，她的未婚夫喜歡坐大桌，和一大群人社交，但人多的遊輪對共感人來講是一大挑戰，我朋友感到精疲力竭。中間有幾天，她的未婚夫人不舒服，待在房間沒出來，我朋友便開開心心一個人吃飯。結果很多人邀她一起坐。「我猜他們覺得我落單很可憐，但我都禮貌地拒絕了。我喜歡自己一個人。很少人能理解喜歡自己一個人是怎麼回事，不過現在我的未婚夫懂了。」

三、協調與調整實體空間

共感人需要喘息的空間。決定好你需要什麼樣的空間，與伴侶約定好基本原則。問問自己，什麼樣的安排最理想。你是否需要一個可以躲進去的私人區域，例如自己專屬的浴室（我一定得有！）、自己的側廳、公寓或房子？各種安排都可以，只要你們同意不會沒事到對方的空間探頭探腦。一起旅行時，可以訂兩個相鄰的房間，讓你有自己的浴室（我喜歡這樣）。如果只能同住一間房，可以掛上床單當隔間。我前男友送我一塊「非請勿入」的牌子，非常適合我。

此外，也要考量環境中是否有香味或化學刺激物，共感人有非常敏銳的嗅覺。說出你喜歡怎麼做比較好，比如說，你可以堅持不要出現鬍後水、香水、化學合成的身體按摩油。天然精油或許可以接受，人工合成的東西則對共感人有害。

四、考慮分床睡或分房睡

同睡的重要性多半被高估。多數人小時候都是自己睡，長大成人後卻被期待和別人同床共枕。許多共感人很難改成和別人一起睡，這種社會期待折磨著無法符合刻板印象的共感人。我一直不懂，為什麼人們認為配偶永遠得睡同一張床。傳統的婚姻關係裡，許多伴侶的確喜歡一起睡，但有的共感人永遠無法習慣。不論另一半有多貼心，我們喜歡有自己的空間，或是買特大號（King-sized）的床，甚至將兩張雙人床併在一起，這樣子兩個人在自己床的那一邊伸展手腳時，也不會碰到對方。允許自己跟伴侶分床睡，或是把兩張床墊併在一起。有必要的話，也可以分房睡。

伴侶中非共感人的那一方會覺得自己睡很孤單，因此盡可能妥協。例如你們可以商量一星期中四天一起睡，三天分開睡。我認識的一個共感人還和另一半商量，睡覺時不要「熊抱」，她無法整個晚上被抱得那麼緊。共感人不一定喜歡隨時緊緊依偎。我認識的另一位女性有不同的解決辦法。她和先生貼著睡的時候，由她當「外側」的那個人。她發現這樣的能量交換很美好。抱到覺得太多的時候，她就鬆開，回到自己的那一側，夜晚剩下的時間自己睡。這個方法可以確保她不會被困在床的裡邊，沒有空間可以移動。

共感人通常很容易醒。另一半要是打呼或動來動去，很容易驚醒我們。我們需要的睡眠時間可能超過另一半，做夢週期被打斷的話，精神會很不好。有很多年的時間，因為這種種因素，我都是一個人睡。但是我目前的伴侶問我能否靠著減敏，習慣兩個人一起睡，我決定試試看。一開始，他睡在特大號床墊的另一頭，答應說萬一我睡不著，他就到別的房間睡。他說：「如果妳覺得不舒服，拍拍我，我就會離開。如果妳想要有更多的身體接觸，告訴我，我會靠近一點。」過了一段時間，這樣的安排的確讓我比較能放心地一起睡——不過我的伴侶睡覺大都很安靜，而且待在床的另一邊。如果他靠得太過來，而我需要更多空間，我會請他挪開，他也會照做。

有的共感人喜歡熬夜，因為另一半和孩子睡著後，是他們唯一能獨處的時間。如果你心有同感，可以和另一半談談這個需求，讓他們理解。

五、一次解決一個情緒問題就好，但不要碎念同樣的話

共感人可能同一時間有眾多情緒問題，會把他們和另一半困住，難以處理。和伴侶溝通時，最好一次分享一個問題就好。除非對方要求你講清楚一點，不然就別一直講同樣的話。我的伴侶告訴我，我如果一次提出太多問題，或是一直強調同一件事，他會覺得有人在對他的頭念緊箍咒。男性特別容易從解決問題的角度出發，想要幫上忙，但如果同一段對話中出現太多需要改變的地方，他們會亂掉。舉例來說，如果你連珠砲轟炸另一半，開口先是：「氣死了，老闆怎麼可以這樣對我。」接著抱怨：「我累死了，把吵死人的電視

關掉。」接著又說：「你把菜拿去冰好不好？」最後又補上一句：「我已經很煩了，我需要你專心聽我講話！」你要求的事情太多了，你的伴侶根本吸收不了。此外，在爭執過後，共感人需要減壓的空間，別忘了空出回歸正軌的獨處時間，處理好自己的問題，穩住自己的情緒。

六、就算真的是針對你，也別往心裡去

對心靈共感人來講，這是很重要但很難做到的原則。然而，若要擁有良好的溝通與和諧的關係，這是最基本的。別人講你什麼，聽過就算了，穩住自己的情緒，不要沒事就被挑起情緒、反應那麼激烈。

七、使用三明治法：提出請求，而不是要求

所謂三明治法，就是在兩件正面的事之間，夾一件你希望另一半改變的事，或是兩個人意見不和的主題。舉例來講，先說：「我非常愛你，我很感激你的支持！」接著插進你的請求：「我需要你幫忙一件事。我每天晚上得冥想半小時，如果你能讓我擁有一段私人時間，那就太好了。冥想過後，我就能專心陪你。」接著擁抱你的伴侶，感謝他們以這樣的方式照顧你。每當碰上難以開口的事，請記得用這個好方法。

八、遵守不大吼大叫的原則

共感人受不了大吼大叫和大聲說話，我們的伴侶必須接受我們這項特質。我為了保護自己，嚴格執行這條家規。曾有共感人告訴我：「我受不了身邊有爭執。我的身體會感受到怒意的震波，就好像我被打一樣。如果我得對著別人大吼大叫，我會感到精疲力竭好幾天。」

九、不要試圖討好他人，也不要試著讓另一半變得更好

試著解決他人的問題，或是犧牲自己的需求、討好他人，會讓共感人疲憊不堪。因此各位要練習設下界限，給予精神上的支持就好。我的伴侶從我們剛開始交往就告訴我，他不喜歡別人指導他如何變得更好。我現在知道，他過得不順遂時，只要告訴他「我對你有信心，你可以的」，不需要提供不請自來的建議。這種作法一石二鳥，我因此不必吸收他的壓力（這是共感人談感情的基本生存技巧），又能表現出我相信他有能力解決自己的問題。試著不要干預伴侶的人生，讓別人做自己，自己的困難自己面對。

十、控制身旁的音量

共感人通常很文靜。親朋好友必須接受這一點，留意自己帶入家中的聲音。開口請伴

侶諒解你需要安寧、平靜的空間。你如果無法忍受一直開著的電視或收音機，戴耳機或耳塞都是好方法。你也可以要求對方不要把電腦帶到床上，電腦會散發刺眼的光線、刺耳的聲音及有害的電磁波。

十一、商量入浴時間

共感人喜歡待在水中，泡澡與淋浴的時間較長，我每晚甚至可以待在浴缸裡一個小時以上。我很幸運，我的浴室有窗戶，可以望著水面反射的月光，進入出神狀態，恢復精神。然而，我的伴侶喜歡在睡前享受一起躺在床上的時光，因此我們想出辦法折衷。有的晚上我花比較久的時間泡澡，其他時候泡一下就好。

十二、遊戲

共感人一般屬於正經型的人，但也享受遊戲。和伴侶在一起時，可以放開一點，讓你所愛的人見到你內心的孩子。

性與共感人

不論各位目前是單身、正在約會，或是處於一段長期的關係，性都是共感人需要釐清的重要議題。由於我們對能量很敏感，我們做不到「只是性而已」。做愛的時候，能量會結合在一起。我們會感受到性伴侶的焦慮與喜悅，而且我們常常直覺就知道他們在想什麼、有什麼感受，因此要慎選性伴侶，否則你會在做愛的過程中，吸收到對方的壓力、恐懼或其他有害的能量。各位如果是性愛共感人，尤其不能不慎。

什麼是性愛共感人？有些人的共感能力會在性愛的過程中增強，因而感受到特別強烈的幸福感或壓力。性愛共感人在調情時也一樣高度敏感，會大量接收調情對象的能量，程度甚至超過其他類型的共感人。所有的共感人都一樣，必須與正確的人分享身體上的親密感，擁有能夠回報相同的愛與尊重的伴侶，才有辦法身心健康。性愛共感人尤其如此。

不幸的是，我有一些共感病患單身了太久，只求有伴就好。只要有人令他們心動，雖然直覺告訴他們對方有問題，還是奮不顧身，一下子就和有問題的人選上床。由於找伴很花時間，即使他們直覺知道不對勁，還是會趕快抓住眼前這個人再說。但是很顯然，當我們開始過度依戀不可能愛我們的人，難免會受傷。一位共感人告訴我：「我已經五年沒有投入認真的關係了，當我一下子掉進愛河時，會變得為愛瘋狂，無視警訊，然後就會失望。

現在我都慢慢來，先確認對方也能愛我再說。」

靜候伴侶出現的方法是參加譚崔（Tantra）工作坊，或是譚崔教師的個別輔導。譚崔是古老的印度修行派別，藉由專注於身體的練習，結合性與靈。不論是私人或團體練習，你將學著傾聽身體，探索自己性與靈的能量，一一檢視過去的創傷、不利關係的行為模式，或是讓你無法感受的麻木。這些課程可以增進性能量，讓它持續流動，增進個人魅力，而不是呈現靜止狀態。當這股能量休眠時，其他人可能感受不到你有多性感。

幾年前，我太快和錯誤的人在一起，體驗過幾堂寶貴的譚崔課程。我老是選擇不該愛的人，或是長期單身，我想要打破自己的這種模式。我已經厭倦和心理治療師談這些問題，所以選擇參加譚崔課程，幫助自己打開受阻的能量，吸引合適的伴侶。

一旦找到合適的伴侶，親密感的基本原則是結合「心的能量」與「性的能量」。心的能量會讓共感人容光煥發。當性欲、精神和心在做愛過程中合而為一，你的身體會獲得極大的滋養。

若要維持以心為主的性行為，方法是學習和伴侶設定界限。如果感覺不對，不要勉強。舉例來說，如果你的伴侶當天過得不順遂，脾氣暴躁，那不是做愛的最佳時機，因為共感人可能會吸收到那股怒意。坦誠地聊一聊，一定要讓你愛的人瞭解，為什麼在他們發脾氣或壓力特別大的時刻，你會選擇避免親密行為。

你得向伴侶解釋你的敏感天性。除非對方也是共感人，你需要和善地解釋自己的反應，讓伴侶照顧到你的需求。共感人的宇宙和非共感人的宇宙非常不同。展現你的溫柔，慢慢來，兩人之間的親密感將進入完全不同的層次。

重視自己的人際關係需求

共感人必須在「出去」與「進來」的能量之間找到平衡。我們因為人太好，經常對家人、朋友、配偶、孩子付出太多，把自己弄得精疲力竭。我們幫太多忙，過度給予，但得到的不夠多。為了保護自己的能量，絕對要找到平衡之道。除了付出愛，也要獲得愛，才是一段令人滿意的關係。

知道自己的需求，有辦法說出自己的需求，對共感人而言是很強大的自我保護機制，這樣你才有辦法盡全力投入一段關係。如果目前是單身，你可以趁現在找出自己的需求，這樣約會或擁有伴侶時，就清楚知道該往哪個方向走。感覺有事情不對勁，可以和伴侶討論，不要一個人默默承受。替自己發聲等同於找到力量。默不作聲只會使你在一段感情中感到疲憊、焦慮，不被當成一回事，你的基本需求就無法被滿足。你的伴侶不會讀心術。為了自己好，你得把話說出口。接下來的練習可以協助各位發聲。

共感人自救法　**找出並表達你的情感需求**

緩緩規律地呼吸，讓自己的心平靜下來。傾聽自己的內心，感受共感人的需求被聽見的喜悅。

接下來，問自己：**有哪些事我害怕開口要求，但我在一段感情中需要那些東西？我希望伴侶一定要照顧到我敏感的哪一面？怎麼樣才會讓我和別人在一起時，感到最自在？**在內心問自己這些問題，或是其他你想到的問題，接著用直覺找出答案，不要試圖用理智推演。聽從你的身體，聆聽身體的訊號，讓頓悟的感受與直覺的答案冒出來。請特別留意讓你感到充滿力量、受到保護的直覺答案。

保持開放的心胸，不要篩選答案。你希望多一點獨處或安靜的時光嗎？你希望偶爾自己睡嗎？你想多出去玩、多聊一點天、多一點性愛？讓你的直覺湧現，不要批判，找出真正的感受。沒什麼好丟臉的，沒必要壓抑，好好重視身為共感人的需求，溫柔地接受自己所有的小毛病與敏感。讓美好的感受鼓勵自己真誠地面對自己。

找出自己對什麼事感到舒服（與不舒服），拒絕負能量，保護自己。完成這段問答之後，靜靜坐幾分鐘，享受處於好心情的感受。■

完成冥想後，在日記裡寫下你找到的關係需求。如果你單身，找出關係需求是一件好事。如果已經有伴侶，漸漸說出你的需求，讓愛你的人更瞭解如何支持你。

§

共感人有可能擁有美好的伴侶關係。伴侶關係可以促進安全感及愛的感受，讓我們堅定地活在世上。婚姻或任何形式的神聖結合，必須是一場「比賽大方的競賽」，雙方都要服務對方，奉獻自我，每天加深溫柔、熱情與愛意。伴侶關係是一種靈性經驗，從對方身上學習，分享自己的心，好好照顧彼此。為對方著想並忍耐是不可或缺的。伴侶關係如果能把擁有這些特質當成第一要務，定下真誠溝通的目標，共感人將感到幸福快樂。

共感人誓言

在接受自我的寧靜狀態中，告訴自己：我有權處於令我感到舒服、充滿愛意的關係。我有權表達自己真正的需求。我有權請別人尊重我的敏感天性。我有權讓自己的聲音被聽見。

第5章 保護自己，遠離自戀狂及其他能量吸血鬼

共感人心胸寬大，對人很好，特別容易招來能量吸血鬼，敏感人士需要做好預防措施。我發現對我的共感病患來講，有的人際關係正面，令人活力充沛，但有的則使他們精疲力竭。有的人會吸走你體內的正能量與寧靜，我稱這種人為「能量吸血鬼」（energy vampire）。工作上、家裡或是生活中的任何領域，能量吸血鬼會耗損你的身體與情緒能量。特別有害的能量吸血鬼會讓你相信自己不夠好，不值得別人愛。在這種人身邊，你會躡手躡腳，生怕對方情緒爆發。有的能量吸血鬼則會羞辱你、責怪你，讓你以自己為恥。他們會說：「親愛的，你今天看起來好累又好老」，或是「你太敏感了」。突然間，你感到自己彷彿有問題。

本書要教大家做一件最基本的事，就是找出生活中的能量吸血鬼，學習有效處理那種人。你的人際關係品質將大幅改善，不再被他們吸光元氣。不要讓能量吸血鬼突襲你。擬

定好計畫，盡量別把他們的惡言惡語放心上，就算他們的確是故意講給你聽也一樣。對抗能量吸血鬼通常很費勁，但是你必須奪回你的力量，保護自己的敏感天性。記住：吸血鬼是被恐懼與不安所驅使，他們惹惱很多人，消耗很多人的精力，不是只針對你而已。

自我評估 如何判斷自己是否碰上能量吸血鬼？

留意以下徵兆：

- 你感到疲倦、想睡覺。
- 突然心情很差。
- 身體感到不舒服。
- 不想被看到、被聽到。
- 想吃糖或碳水化合物來提振心情。
- 開始質疑自己、批評自己。
- 先前不覺得，但突然開始焦慮、憤怒、負面思考。
- 覺得丟臉、被控制、被評判。

有的人會吸引到特定類型的能量吸血鬼，原因是雙方有共通、需要療癒的情緒問題，進而建立起不健康的「傷友關係」，兩個人不斷重複互相傷害。那種關係會帶來心理上的畸形安慰，因為你們都懂那種情緒問題，也習慣了那種問題。你因此依戀有毒人士，無法放手，不斷卡在痛苦的循環中。舉例來說，你可能因為自尊心不高，吸引到愛批評的人，而愛批評的人，吸引到他們可以貶低的人。要小心，不要永遠陷在「傷友關係」裡，而是改成讓這些人（可能是你的朋友、同事、配偶或任何人）激勵你，讓你意識到自己的問題，治癒最初的傷口。這麼一來，你就可以從這樣的人際關係畢業，找到更圓滿的關係。

七種能量吸血鬼

我當醫生的二十多年間，歸納出七種主要的能量吸血鬼。各位要小心這七種人，他們對共感人來講特別危險。

一、自戀狂

所有的吸血鬼中，自戀狂對共感人來講危害最大。我是指那種百分之百的重度自戀狂，不是只有一、兩個自戀特徵的人（輕度者可能比較具有同理心）。我所說的那種自戀狂，以為整個世界都要繞著他們打轉，過度膨脹自己的重要性，自以為是，隨時都要成為注意力的焦點，需要別人無止境地讚美他們。你必須恭維他們，他們才會認可你。此外，自戀狂也可能擁有非常強的直覺，但他們靠直覺來操控他人，達成自己的目標。自戀狂會對共感人造成非常多傷害，因為他們幾乎或完全不可能給予無條件的愛。如果你不順著他們的意，或是有不同的意見，他們就會冷漠以對、懲罰你、不再表露愛意，或是冷戰，時間可能長達幾天或幾週。

關於自戀者（以及反社會人士、心理變態者）的科學研究指出，這樣的人有「同理心缺失症」（empathy deficient disorder）。你開始疏遠時，重度自戀者會利用類似同理心的手法，得到自己想要的東西，但他們的同理心其實不可靠或不切實。自戀狂很有魅力，很具說服力，曉得該說哪些話在情感上引你上鉤。如果你試圖離開，他們則會講一些甜言蜜語，讓你回心轉意。一旦你上當，他們的「同理心」就會消失不見。他們對人好，永遠是有條件的。你一回去，他們又會變回那個自我中心的人。

為什麼共感人和自戀狂之間有著致命的吸引力？我在大量病患身上見過這種有害關係。共感人必須認清和自戀狂在一起的嚴重性，瞭解自己一直被什麼樣的特質吸引。共感人被自戀狂的魅力迷住，相信他們口中的愛。自戀狂往往表現得似乎擁有豐富的情感，但其實他們只愛自己。令人困惑的是，自戀狂看起來聰明、風趣、體貼、大方，在親密關係研究顯示自戀者患有「同理心缺失症」，不要把心交給他們。

——茱迪斯．歐洛芙醫學博士

中，卻一下子就露出真面目。

自戀狂容易盯上共感人。為什麼呢？因為共感人敏感、體貼、天真，甚至是很好騙，很容易就能吸到血。共感人缺乏多數人擁有的防衛心。由於自己天生具備同理心，以悲天憫人的心看這個世界，很難相信自戀狂缺乏同理能力。共感人本身富有同情心，以為別人也一樣，想用愛來感化自戀狂。我得說出殘忍的事實：那種作法行不通，就像期待沒有心的人懂得如何去愛。

和自戀狂在一起的問題是，你很難脫離這段關係。我見過有的共感人花了數十年才成功。一位共感工作坊的學員告訴我：「我和一個自戀狂結婚十年。這段關係令我感到自己的靈魂被一片一片慢慢撕碎。我終於離開時，整個人幾乎垮掉。」這位成員並未誇大。自戀狂會讓共感人覺得身體生病與心理憂鬱，還會打擊你的自尊心，直到你再也不相信自己。心理治療對自戀狂起不了太大作用，因為他們永遠把問題怪罪到另一方頭上，不認為自己有什麼責任。

自戀狂有時會使用所謂的「煤氣燈」（gaslighting）情感操縱手段：刻意設下使人瘋狂的情境，扭曲一個人對於現實的觀感，接著死抓那些瘋狂反應不放，質疑你精神不正常。自戀狂喜歡改寫過去，或是否認曾經發生過某件事，認為別人的擔憂都是無稽之談。不幸的是，許多受害者相信自戀狂的說法。

共感人自救法　別讓自戀狂傷害你

- **不要期待自戀狂能理解別人的感受。**
- **不要讓自己被操縱。**
- **不用期待自戀狂會尊重你的敏感天性**——他們極度冷酷無情。
- **不要愛上自戀狂：**不論你感受到多強烈的吸引力，快逃。
- **避免替自戀狂老闆工作**——要是走不了，不要讓你的自尊隨著老闆的反應起伏。
- **滿足自戀狂的自大心理：**提出請求時，說出那對自戀狂會有什麼好處。這是唯一能和自戀狂溝通的方法。舉例來說，如果你想請幾天假，參加和工作有關的大會，那就告訴老闆：「這場大會將讓您的事業如虎添翼」，而不是「我會不在辦公室」。若要順利溝通、達成想要的結果，方法就是讓自戀狂明白，你想做的事對他們有利。
- **盡量切斷所有的聯繫：**結束跟自戀狂間的孽緣的方法（或是任何你想斬斷關係的人），就是完全斷絕來往。繼續前進，永遠不要回頭。以下方法可以協助你做到：

◆ **切斷臍帶的想像練習**：在冷靜的狀態下，想像有一條光索連結著你們兩人。對著你從這段關係學到的事，在心中說「謝謝」——即使那是一場血淚史。接下來，用堅定的語氣說出：「現在是完全切斷我們之間連結的時候。」想像自己拿著一把剪刀，完全剪斷那條光索，再也不被那條能量索綁住。這個想像過程可以協助你放手，釋放對方在你身上殘留的能量。

◆ **舉行感恩結束儀式**：使用薩滿信仰的作法，放開一段關係，如果你一直想著對方，或是感應到對方在想你。走進大自然，找一根大樹枝，看著樹枝說：「這段關係結束了。」接著把樹枝折成兩半，把斷掉的樹枝留在地上，走開，不要回頭，完成切斷關係的儀式。■

二、憤怒狂

憤怒狂這種能量吸血鬼，靠控訴、攻擊與控制他人解決衝突，通常以怒吼的方式說出心聲。我們在第四章提過，共感人受不了嘶吼，吼叫甚至會讓我們感受到身體上的疼痛。憤怒狂在最親的人面前最肆無忌憚，任意宣泄情緒，講出事後會後悔的話，例如「你這個老婆糟透了」、「我對你沒感覺了」。共感人柔軟的心會被這種話撕裂。憤怒狂會打擊共感人的正面性格與自尊，留下創傷。

大吼大叫、爭論、噪音、愛講話的人，經常讓共感人經歷感官超載。那也是為什麼我不讓別人在我身旁發洩怒氣。有一次，我正在等一個朋友講完電話，她突然煩躁起來，對著電話另一頭大吼大叫。我感到像是被有毒的能量淋了一身，朋友的憤怒讓我遭受池魚之殃。事後我告訴她：「我是共感人，妳的憤怒影響到我。我覺得很疲憊，請妳以後不要再做這種事。」謝天謝地，我的朋友聽進那些話，以後不曾在我身邊發脾氣。

有一次，我甚至飯吃到一半起身離開。我和朋友在外頭吃午餐，一個男的突然對著妻子暴怒，他的憤怒讓我不舒服。碰上這種事的時候，我極度保護自己的能量，我只得告訴朋友：「不好意思，我累了。」接著彬彬有禮地離開。場面很尷尬，但我選擇把自己的健康放在第一位，我的健康比「社交禮儀」來得重要，我堅持這樣的原則。

我有一位共感人病患提到爭執令他出現的反應：「我在女友家吃晚飯，她的家人突然對桌邊的另一個人尖叫，我嚇壞了。我女友說：『噢，我們家講話都這樣，很正常。』那樣的負能量令我感到疲憊，但我不曉得該如何是好。」不用說，許多共感人都有和他一樣的感受。我們需要時間從怒氣中復原。一定要給自己一段時間靜下心，接著對所愛的人表達我們受不了爭執的需求。

共感人設下自己和憤怒狂之間的界限時，一定要分清楚「抒發情緒」和「倒情緒垃圾」不一樣。「抒發情緒」等憤怒表達法是健康的，共感人能承受這種方法。有的表達法則是有害的，「倒情緒垃圾」會讓共感人留下創傷。舉例來說，如果另一半在氣你，想說出自己不滿的事，請他們先徵得你的同意，告訴你：「我有一個請求。有一件事我得說出來。現在講可以嗎？」事先預警可以讓共感人做好心理準備，以免情緒突然間被挾持。接著你可以選擇要立刻討論，或是晚一點再說，給自己足夠的時間穩定心情。

以下是溝通憤怒情緒的幾項原則，不論是表達自己的感受，或是聆聽他人的時刻都適用。自己身體力行，並和親人分享這些原則。

■瞭解「抒發情緒」和「倒情緒垃圾」不一樣

抒發情緒是健康的行為，有一定的時間範圍。抒發感受的原則包括：

- 一次只講一件事。
- 不要一直重複同一件事。
- 不要責怪別人。
- 不要陷入受害者模式。
- 自己也要負起責任。

- 對於該如何解決，保持開放的態度。

倒情緒垃圾則是一直講一直講，令人感到有害。倒情緒垃圾的人有以下特徵：

- 一次轟炸很多事，讓另一方受不了。
- 不斷講著同樣的事。
- 責怪他人。
- 扮演被害人角色。
- 都是別人的錯，自己沒錯。
- 一定要按照他們的意思解決問題。

此外，表達憤怒時，可以利用以下的基本定心原則，讓各方更有安全感，覺得受到保護，才能有效處理憤怒狂。

共感人自救法 面對憤怒狂時，要保護自己

- **讓憤怒狂知道，你聽見了**：接下來，等對方冷靜下來，再提議好好解決問題，告訴對方：「我想幫你，但你處於這種狀態時，我很難聽懂你要什麼。」不要和他們一起大吵大鬧。
- **與親人約定好「不吼叫」**：至少不要在你身旁吼。解決衝突不一定要大喊大叫。
- **保持冷靜**：被激怒時，不要吼回去。衝動的反應只會使你疲憊，雪上加霜。
- **被激怒時，暫停一下**：數到十，中場休息，停下「戰或逃」反應。冷靜下來之後，再回應他人的憤怒，要不然對方會把更多怒氣發洩到你身上。
- **不論採取何種形式的溝通，都要收斂自己的情緒，包括簡訊、電子郵件、電話**：要和對方對話時，選擇掌控自己的情緒。
- **想像自己是一扇開啟的窗，空氣自由地流通**：同理，讓別人的怒氣通過這扇打開的窗戶，不要讓怒氣卡在你身上。
- **如果對方不肯停止吼叫，自己先離開現場，或是要求對方離開。**■

三、受害者

帶有受害者心態的能量吸血鬼，覺得「全世界都對不起我」，共感人會因為這種態度而心力交瘁。「受害者」的人生碰到問題時，不覺得自己有責任，自己會這麼慘，都是別人的錯。共感人經常溫柔地照顧「受害者」，試著幫他們解決問題，下場自然就是累死自己。受害者聽到或許能解決問題的方法時，典型的反應是：「是沒錯，可是……」共感人會因此感到受挫，最後不回信，不接電話，刻意避開這種需索無度的人。我們很想幫忙，但受害者停不下來的抱怨，多到讓生性敏感的人無法承受。共感人必須學著畫出界限，不讓有受害者心態的人入侵，小心不要讓彼此的關係演變成共依存症，讓自己變成受害者的「治療師」。

共感人自救法　遠離「受害者」

- **設下具同情心、但清楚的界限**：態度溫和時，別人比較能聽進我們說的話。
- **運用「三分鐘電話法」**：聽親朋好友說一下話，接著告訴他們：「我支持你，但如果你一直講同樣的事，我頂多只能聽幾分鐘。也許你該找治療師協助你。」
- **面帶微笑拒絕**：對方如果是同事，你可以帶著微笑告訴對方：「我會保持正面的心態，期待最好的結果。不好意思，我還有東西要趕，得回去做事了。」如果是親友，針對他們的問題，說幾句話表達同理心，但接著就面帶微笑拒絕討論下去，試著改變話題，不要鼓勵他們繼續抱怨。

- **利用肢體語言設下界限：交叉雙臂，移開視線，暗示對方你在忙。**■

四、熱愛小題大作的男男女女

這種類型的人永遠都在「小事化大」，敏感人士無法負荷那種情緒重擔。資訊太多，刺激太多，共感人消化不了。裝腔作勢的人讓我們疲憊不堪。有的人就是對小題大作成癮。不要助長這種性格。我的病患柔安很氣一個朋友，那個朋友每次都用各種理由，在最後一分鐘取消兩人的計畫。有一次說自己牙齒痛到差點昏倒。有一次是錢包被偷，得上警局。

再來又出了小車禍，人沒受傷，但在急診室待了一整天。柔安被這個說辭反覆的朋友弄得很累，不想再陪著玩下去。喜歡小題大作的人，只要別人有反應，就會更起勁，但只要我們不隨之起舞，再怎麼演也沒用，記得永遠要保持鎮定。很快地，對方就會感到無趣，改找下一個滿足他們表演欲的人。

笑口常開，就可以趕跑能量吸血鬼。

——茱迪斯．歐洛芙醫學博士

共感人自救法　小心小題大作型的人

- 不要問他們過得好不好：你不想知道。
- 深呼吸：一旦他們搬出那套戲碼，深呼吸，冷靜，不要陷進他們的故事。
- 設定溫和但堅定的界限：譬如，告訴一直放你鴿子的朋友：「怎麼會發生這種事，真是太不幸了，我看我們暫且不要重約時間。等過一陣子你狀況比較好，有辦法出門了，我們再約。」設定界限，把話說清楚，以免強化對方的行為。■

五、控制狂與愛批評的人

這種類型的能量吸血鬼，總是別人沒問他們，就提供一大堆意見：「你知道你該怎麼做嗎？……」接著不管你想不想聽，他們都會說下去，不然就是挑你的毛病，說你哪裡「做錯了」，例如「你又忘記收碗盤」、「你真該學學怎麼好好停車」。共感人可能會把控制狂的批評放在心上，缺乏自信的共感人尤其容易如此，最後感到受傷、憂鬱、疲憊。記住，提意見的人只會出一張嘴，而且意見是主觀的。虛心受教當然好，但如果是不具建設性的評論，或是缺乏邏輯，那就一點用處也沒有。整體而言，批評會消耗共感人的精力，尤其是不停碎念的雞蛋裡挑骨頭。

共感人自救法 小心控制狂與愛批評的人

- **自信一點，但也不必規勸這類型的人，他們只會抱持防衛心。**只需告訴他們：「你的意見很寶貴，但我要自己想一想該怎麼辦。」
- **客氣地要求對方不要再批評你：**態度保持堅定，心情不要受影響，不要扮演受害人的角色。
- **如果你在控制狂或愛批評的人身旁感到自卑，找出是什麼事導致你沒自信，把注意力放在解決那個問題上：**你愈有安全感，吸血鬼就愈傷不到你。■

六、講個不停的人

長舌婦／饒舌公說個沒完的口頭攻擊，會讓共感人喪失活力。我試著避開這種人，因為他們會刺激我的神經與情感。他們困住你，一直講自己的事，中間都不必喘口氣休息，也不會讓你有打斷他們的空檔，甚至會往你的方向靠，侵犯你的個人空間。你往後退一點，他們又往前靠，你根本無法逃脫。有人開玩笑，應該要有說話成癮者專屬的十二步驟療程，成立「講個沒完無名會」（On and On Anonymous）。

共感人是很好的傾聽者，但他們常犯的一個錯誤，就是忍耐喋喋不休的人太久，最後把自己弄得疲憊不堪。為了自我保護，一定要小心這種想要取悅別人的天性。每個人都喜歡跟共感人說自己的人生故事，因為我們是如此聚精會神地傾聽別人講話。然而，碰上習慣性饒舌的人，我們必須設定界限，遠離長舌者是照顧自己的基本方法。

共感人自救法　別讓說個沒完的人消耗自己的精力

- **非口頭的暗示沒用，長舌型的人沒感覺**：光是拿出不耐煩或焦躁的樣子，不會有效果，你必須打斷他們，再難開口也得開口。
- **講話要圓融**：雖然你真的很想說：「閉嘴，你快要把我逼瘋了。」這種話只會惹惱對方，讓對方萌生防衛心。微笑，和善地告訴對方：「不好意思，我打斷一下，但我得和派對上的其他人說話」或「我有事，先走了」。我常用的禮貌藉口是：「我去一下洗手間。」
- **提出請求**：如果是家人或同事，用不帶責怪的中立語氣讓他們知道：「我也想加入討論。如果你能讓我說出一些看法，那就太好了。」用耐煩的口氣表達這類訊息，對方會比較容易接受。
- **利用幽默感**：如果是很熟、不會不高興的人，你可以用開玩笑的方式告訴對方：

「時間正在滴答滴答地流逝。」有一次我講話講太久，我的好友就是用這句話提醒我。■

七、消極反抗型的人

消極反抗型的人帶著微笑表達憤怒，粉飾太平，但共感人直覺就感受到他們笑裡藏刀。這種人經常拖拖拉拉，不小心「忘記」一件事，然後替自己沒遵守諾言找藉口，表面真誠，其實不能信賴。他們什麼都說好，但說話不算話。更麻煩的是，自戀與消極反抗的特質，經常出現在同一個人身上。這對共感人來講是雙重的危險。

消極反抗的行為包括：你的伴侶老是忘記你的生日，即便他們知道你相當重視慶生；朋友明明知道你在節食，卻帶杯子蛋糕當伴手禮；發出噪音的鄰居答應會小聲一點，卻沒做到；一起進行的專案，同事一直說：「我晚一點會回覆你」，但都沒回，要你追著他們跑。此外，消極反抗型的人有一個明顯的特徵。他們喜歡嘲笑你，然後說：「開個玩笑都不行喔？」此外，他們得不到想要的東西時會生悶氣，口頭上卻說：「一切都很好。」共感人比較單純、直接，這種說話方式會讓他們弄不清楚發生了什麼事。

共感人自救法 **如果碰上消極反抗型的人**

- **不要懷疑自己對消極反抗者的反應：**他們雖然把憤怒藏得很深，不代表你感受到的怒氣不是真的。相信你的直覺。
- **找出行為模式、和對方談他們的行為。**
- **一次解決一個問題，消極反抗型的人就不會覺得你在攻擊他們：**舉例來說，如果你需要有人幫忙，朋友一直說「好」，卻一直沒做到，請用不帶情緒的語氣告訴他們：「抱歉「如果沒辦法的話，真的沒關係。」然後看他們如何回應。他們可能會說：「抱歉，我雜事太多了，我來幫忙了。」看看他們的行為是否真的有所改變。如果還是和以前一樣，你可以再提一遍，或是乾脆承認這是一個靠不住的人，不要再請他們幫忙。
- **如果得不到直接的答案，請對方說明自己的立場：**針對對方的行為，找出解決辦法。和消極反抗者把話講開，可以逼他們表明立場。■

請利用以上策略，在生活中處理七種不同類型的能量吸血鬼。讓有力量的人是你，而不是他們。清點一下平日都是誰給了你能量，誰又把你給吸乾了。你可以列出個別的清單，

> 自你身上吸乾了海洋的人，你不可能向他們尋求水。你不可能在別人身上替自己的價值找到家。你只能回到自己身上。想起自己的力量，找回自己的節奏，替自己寫一首嶄新的歌。
>
> ——作家維多利亞・艾瑞克森（Victoria Erickson）

找出工作、家庭、朋友、周遭關係中哪些人屬於哪個類型。如果是吸走能量的人，或許應該決定完全切斷關係。如果沒辦法切斷，比如說家人，那就決定好你要運用哪些策略，然後加以貫徹。學著和情緒吸血鬼劃清界限，可以保護你的敏感性格，同時提升整個人的幸福感。

處理情緒宿醉

即便已經和能量吸血鬼設下絕佳的界限，共感人依舊很容易碰上「情緒宿醉」，也就是互動過後殘留在體內的能量。有毒的情緒很可能一直留存，讓我們疲憊不已，腦袋模糊，甚至生病。共感人和能量吸血鬼交手之後，通常需要花時間恢復。各位可以試一試以下處理宿醉症狀的方法。

共感人自救法　情緒宿醉處理法

- **做淋浴冥想**：淋浴時，站在灑水的蓮蓬頭下，說出以下的祈禱（在心中默念或大聲說出來）：「請讓水洗淨我身心靈中所有的負能量。」感受不斷降下的清水洗滌你，使你恢復精神。
- **借助寶石的力量**：隨身攜帶或佩戴寶石，如黑碧璽（black tourmaline）、紫水晶、黑曜石，穩住自己的能量，去除情緒宿醉。薩滿教認為人攜帶或穿戴黑色，會受到保護。我個人隨身佩戴玉觀音項鍊。在中華文化裡，觀音大慈大悲，救苦救難。玉的顏色會隨著我身上的化學物質與情緒而變化，逐年轉換顏色，我很欣賞這一點。
- **在屋內燒香**：在美洲原住民文化中，燃燒草藥或帶香氣的植物稱作「煙燻」（smudging），可淨化空間內滯留的負能量。我喜歡燒茅香，美好的氣味在空氣中流動時，我感到自己女性的一面得到滋養。鼠尾草也很有效。我平日也會撿柏樹、尤加利、杜松的小樹枝回家燒。各位可以實驗各種植物，看自己對哪種香氣有反應。
- **使用負離子產生器或鹽燈**：此類裝置可以產生負離子，清除空氣中的灰塵、黴菌孢子、花粉、氣味、菸味、細菌及病毒。此外，也可以清除家中、辦公室或其他地點殘留的負能量。淋浴的流動水流也能產生負離子。

- **點白蠟燭**：可帶來冥想的心情，快速驅散周遭令人不舒服的氣。白色包含光譜中所有的顏色，可製造安詳寧靜的氣氛。
- **灑玫瑰水或使用任何類型的芳香療法**：玫瑰水細緻的香味令人心曠神怡，特別能撫平我的情緒宿醉。吸薰衣草、綠薄荷的精油香氣，也能振奮精神。挑一款精油，放進精油噴霧器，讓空中散布芬芳香氣。試試薰衣草、綠薄荷、杜松、鼠尾草、乳香或沒藥。香氣將淨化你的能量與房間，請讓自己體驗那份美好的感受，但記得不要使用人工合成精油，因為成分含有毒性。
- **走進大自然**：擁抱一棵樹。光腳踩在地上，或整個身體躺在地上，讓自己接地。享受花朵帶來的喜悅情緒，握一顆石頭在手中，呼吸新鮮空氣，治療情緒宿醉（吸氧氣也可以治療酒精宿醉）。大自然純淨的力量可以讓你神智清明，改善情緒。
- **布置神聖的冥想空間**：在安靜的角落擺上蠟燭、薰香、鮮花、觀音像或宗教導師的照片，或是一張簡單的桌子就好。在神聖的空間冥想，可以保護並累積正能量，很適合治療情緒宿醉。
- **尋求情緒支持**：如果有害互動帶來的負能量一直不散，你可能需要額外的協助。和朋友或治療師聊一聊，說出不舒服的感覺，驅散任何遺留的負能量。■

共感人要努力的目標是不讓自己被能量吸血鬼侵擾，好獲得最大的健康與幸福。除了運用本章提到的方法，我強烈建議各位持續療癒自己的情緒問題。吸引力法則說我們散發什麼樣的氣，就會吸引到什麼樣的氣。我們有可能散發正面的氣，也可能散發負面的氣，因此，當我們自己內心有未解的問題，就有可能吸引或吸收到他人的負面情緒。那也是為什麼我們會對某些人的能量特別敏感，對其他人卻不會。我們愈是主動處理自己的恐懼、憤怒、焦慮，就愈不會吸收到同類的情緒。我自己是共感人，我把自身的情緒療癒放在第一位，也不想承擔他人的情緒問題。自從我身體力行這個原則，整個人海闊天空了起來。

我認為我們生活中出現的每一種情緒、碰到的每一個人（包括能量吸血鬼），都是精神導師，或「可敬的敵人」。他們教我們克服負面能量，療癒自我。他們教我們設下界限，學習更愛自己。當然，沒人想要有害的關係，但要是碰上了，就盡一切所能保護自己，並且當個寬宏大量的人，學習寬恕忘記如何去愛的人。

共感人誓言

我會保護自己的能量，不讓吸血鬼吸走。我會學著設下健康的界限，在正確的時機說「不」。我將聆聽自己的直覺，找出哪些人際關係可以滋養我的心靈。

第6章 共感人、為人父母與家有敏感兒

生孩子是所有人一生之中責任最重大的抉擇，不過對共感人來說，挑戰又更大。大量增加的感官覺受，加上育兒忙碌，很容易使我們敏感的神經系統過載。儘管如此，已經為人父母的共感人病患與朋友都說，他們發覺養育孩子帶來的報酬遠勝過壓力，孩子是他們的生命之光。

孩子對全天下的父母來說，無疑是一份珍貴的禮物。孩子除了帶來親情與家庭感，也帶來驚奇、溫柔、樂趣。爸爸媽媽如果是共感人，他們在養育孩子時會感到極大的喜悅，心靈獲得滋養。為人父母者，有機會參與生命的起源。共感人天生會照顧人，也喜歡照顧人。他們提供神聖的貢獻，引導兒女成長。另一方面，孩子也讓父母得以成長，有機會培養耐性、設定界限與學習愛人。共感人只要先懂得照顧自己，便能成為最棒的父母，擁有同情心和超強的直覺，有能力協助孩子處理自己的敏感性格。

然而，事情總有正反兩面。即便為人父母有種種好處，育兒會帶來層出不窮的壓力。即便你很幸運，有另一半、家人、保母幫忙照顧孩子，也是一樣。共感人天生就容易感官超載，必須留意伴隨育兒而來的各種壓力源，包括獨處的時間變少、必須花更多時間社交，以及每天行程擠得滿滿滿，永遠在準備孩子的食物、換髒尿布、睡不飽，孩子哭鬧免不了帶來高分貝的噪音。等孩子大了之後，共感人父母又開始面對大量的派對、孩子的朋友到家裡過夜、髒亂的房間、運動隊伍，以及學校活動。一位共感人告訴我：「我協助另一半扶養他和前妻的美麗孩子。我喜歡孩子，孩子被交給你照顧是一份珍貴的禮物。亂烘烘的生活很難熬，但也很值得。我最大的犧牲是我失去了時間與自由。」

基於種種因素，各位決定是否生孩子時，最好仔細衡量各種好處與壓力。有的共感人決定不生孩子，因為他們對當父母不感興趣，或是知道自己的敏感天性會受不了。有的共感人選擇只生一個，也有共感人覺得當寵孩子的叔伯阿姨、乾爹乾媽或導師就好，花的時間與精力少一些，但依舊能享受到天倫之樂。

生孩子是「深思熟慮後的結果」+「命中註定」

由於共感人生性相當敏感，一定要想清楚了再生小孩。我平日協助病患考慮當父母的優缺點，不能光用浪漫的眼光來看待這件事，一定要先弄清楚有孩子之後，會對自己的神經系統、隱私、敏感天性造成哪些影響。直覺可以協助我們做出適當的決定。我會引導病患探索直覺，確認生孩子是不是一件對的事。各位也可以採取以下兩種方法，憑直覺引導自己找出答案。

冥想練習　方法一：聽直覺說話

找一個安靜祥和的地方召喚你的直覺，在心中問自己：「生孩子是最好的選擇嗎？」接著聽心中的聲音如何回答。

- 如果直覺回答「是」，你會感到神清氣爽、輕鬆自在或興奮。
- 如果直覺回答「不是」，你會感到心中一沉或不舒服、不安、心中一緊，感覺自己在強迫讓事情成真，或是碰上阻礙。

直覺將協助你做決定。你想生孩子的原因，只能是你想要孩子，不能是你想討好渴望含飴弄孫的父母，或是社會期待你生小孩。當然，你做好決定後，依舊會感到焦慮，這很正常，不過最基本的步驟是一定要先通過直覺這一關。此外，你和另一半也應該達成協議。如果無法意見一致，請尋求治療師或導師的協助。

冥想練習　方法二：冥想未出世的孩子

找一個安靜的時刻，冥想你與孩子的靈溝通。共感人具備高敏感度，通常能夠做到。你可能直覺感到有一股生命力在接近，你們彼此想要相會，或是感受到一陣快樂。如果你體驗到這樣的直覺，或是其他證明你和這個靈魂之間有連結的感受，這是直覺在強烈告訴你應該考慮生孩子。我那些受孕困難的病患通常以這樣的方式和孩子的靈接觸，告訴孩子：「哈囉，我們全心全意想要你的到來。」這種正式的介紹與邀請，可以大幅減少受孕的困難。

生孩子是個人的選擇，但也要看緣分與命運。有的人命中註定無子。沒關係，靈性的課程會以其他適合的方式出現。我們有時註定要照顧某個特定的孩子，上蒼送他來的用意是幫助你，促使你誕下或收養一個孩子，與你建立強烈的連結。我碰過有夫妻在生完孩子後就分開，彷彿兩人結合的主要目的，僅僅是把生命帶到世上。此外，和配偶一同扶養他們先前和別人生的孩子，或許也是你的命運。各位在考慮此生要不要扶養孩子時，請記得把以上所有的相關變數都考慮在內。

在你內心深處有一些地方，一直要到你愛過一個孩子，你才會知道那些地方的存在。

——小說家安・拉莫特（Anne Lamott）

共感父母的因應技巧

為人父母常見的壓力，在共感人身上都會放大。你要如何在很容易刺激過載的情況下，平衡工作、伴侶關係、孩子、家人、朋友，才不至於抓狂？共感人若要勝任當父母的任務，一定得有抵抗壓力與過度刺激的策略。當然，所有為人父母者都得掌握這樣的策略，然而共感人特別容易陷入壓力、焦慮、感官過載的循環，有無紓壓的對策，可能決定他們精神上能否承受當父母、能否幸福快樂。做父母的人，每天過著雞飛狗跳的生活，但是共感人需要穩定有秩序的生活，精神上才有辦法支撐。請依據一套可靠的策略，協助自己以更具建設性的方式，面對養育孩子的挑戰。

高敏感體質好壞參半。父母的共感力在心理層面，對親子雙方都有好處，然而父母自己的身體健康將受到衝擊。《健康心理學》（*Health Psychology*）近日刊登的研究顯示，共感父母因為必須定期處理孩子的沮喪與失望問題，免疫系統變弱，出現低度的全身性發炎。[1]也難怪許多醫生會建議家長多運動，採取冥想等減壓技巧，來強化免疫系統。

為了照顧自己，天生同理心強的父母或共感人父母不妨練習以下的策略，紓解壓力，維持情緒的穩定與平衡。以下策略將協助爸爸媽媽瞭解，有強烈的情緒沒關係，但要留意自己是如何在孩子面前表達情緒。共感人一旦沒有太多中場休息時間，就會感官超載。我建議利用以下方法，在一天之中加進喘息時間，就算是短短幾秒鐘也好。只要一點點，就能提振能量，帶來平靜。

為人父母者達成平衡、減少感官超載的十二招

一、**展開一天之前，先給自己來一段感恩的精神喊話：**替一天設定正面向上的氛圍，而不是緊張兮兮，想到有永無止境的待辦事項要完成。一天開始時，默念或大聲說出：「我感謝能擁有今天這一天，感謝自己健康狀況良好，感激我與「靈」的連結，感謝我的孩子與家人。謝謝你們帶來的恩賜。願我今日保持鎮定、愉快的心情，願我懂得愛人。」

二、**記得要呼吸：**匆匆忙忙的生活讓人一個不注意就屏住呼吸，或是呼吸太淺，將緊

繃感困在體內。在忙碌的一天中，至少為自己安排一段刻意深呼吸的時段，好釋放緊張不安的情緒。可以考慮用手機設定鬧鐘提醒自己。

三、**製造獨處時間**：為了對抗帶孩子的壓力，共感人一天至少需要獨處幾分鐘，讓自己恢復精神。可以的話，到大自然裡走一走，或是待在家中的神聖空間。有時候，在浴室或儲藏室裡待個五分鐘就夠了（如果那是你唯一能躲藏的空間）。如果另一半有空，你們可以輪流帶孩子。你也可以趁孩子小睡或是和玩伴出遊、踢足球的時段，享受獨處時光。如果孩子已經上學，暫時不盯著他們也不會有太大危險。你可以關上房門，閉上眼睛，享受一下放慢生活節奏的感覺。

我有一個朋友成立了「保母合作社」，和鄰居輪流帶彼此的小孩，這樣每個媽媽每週至少享有一個下午的空檔。

你可以告訴孩子：「爸爸／媽媽需要一些獨處時間。」由於孩子想要你的注意力，他們會暫時沮喪，但是照顧好自己的能量，對孩子、對你來講都有好處。你會變成比較不煩躁的父母。一位共感媽媽告訴我：「我能給女兒最好的東西，就是讓她有一個快樂的媽媽。只要我有自己的時間，就可以當個比較理想的母親。」

如果你很幸運，有親友可以幫你顧小孩，稍微離開一下是一件很棒的事。我認識一位結婚十四年的共感媽媽，兩個女兒上中學後，她終於可以去飯店待一個週末。「我沒要參加靈修活動，只是挪一點時間做自己，寫寫東西，因為我已經忘記自己內在的聲音。」

四、聆聽安撫心靈的音樂：音樂帶有治癒、激發與轉換緊張情緒的力量，可立即調整能量。當你搖著嬰兒哄他睡覺，音樂可以催眠。孩子醒來後，音樂也可以幫助全家每個人鎮定情緒。光是聽見自己喜歡的歌，就能安撫焦慮的神經系統。當然，獨處時，音樂也可以撫慰你。我在一天開始時會聽釋一行禪師（Thich Nhat Hanh）的〈大鐘詠〉（The Great Bell Chant），以及恩雅（Enya）、斯納塔．凱爾（Snatam Kaur）、蒂娜．瑪利亞（Tina Malia）、「哇！」（Wah!）等歌手的靈修音樂。

五、冥想：找零碎的時間冥想，打破壓力循環，安撫神經系統。一位共感媽媽告訴我：「冥想後，我比較鎮定，不會被鬧脾氣的兒子搞到心神不寧。」各位可以趁家裡有人或保母看顧孩子時，做一下本書第二章「三分鐘心的冥想」。開車出門辦事，把孩子送到目的地後，也可在車裡冥想。萬一公共盥洗室是唯一的私人空間，就在裡頭冥想。你可以在家擺一個小噴泉或是有水的擺設，讓周遭環境充滿寧靜的流水聲，安撫你和孩子的情緒。

冥想時，你可以專心想著昇華心靈的景象，如海洋、夜空、森林。也可以試著專心想自己有多愛孩子，生命裡有他們真是奇蹟。在碰上壓力的時刻，喚醒心的能量。呼吸，穩住自己，感受你的心，重新與自己以及更高的力量連結，輕輕把累積的壓力呼出去。短短的冥想，就能有驚人的復原功效。

六、**小睡一下恢復體力：**如果家裡的孩子還小，孩子小睡片刻時，你可能想抓緊時間洗衣服。這種時候，其實也是你小睡一下恢復體力的好時機。只要睡二十分鐘就能提振精神，讓你撐過忙碌的一天。睡眠期間，共感人就能輕鬆接收到療癒的能量，衣服可以等晚點再洗。

七、**設立界限：**設下明確的界限，盡力執行。跟自己的孩子設定界限，或許是天底下最困難的事，但拒絕孩子無理的要求與壞行為是一件健康的事。我瞭解共感父母很難設下界限，他們太照顧孩子，不斷滿足孩子的要求，就算不恰當也想辦法做到。共感人不忍見到孩子哭，孩子的情緒會穿透他們的身體。然而，懂得管教孩子的父母會說：「我知道你想和朋友在社群媒體上聊天，但做完功課才可以上網。」或是：「我知道你想吃有糖霜的甜甜圈，但那對健康不好。你要是一直哭，我們只能馬上離開這間店。」然後，請準備好拋下你的購物推車離開。

孩子需要界限，才懂得與人社交。沒有人可以事事順心。孩子必須學會處理沮喪的情緒，不然就會變成自以為是的小霸王。父母要是能設定合理的界限，加以執行，家庭氣氛會有秩序得多——恰巧也能帶來共感人需要的寧靜環境。家中每個人將清楚自己該做什麼、不該做什麼。沒有界限就會一團混亂。

八、**別當直升機父母：**共感父母直覺就知道孩子的感受與想法——通常到了極端的地

> 你的存在是可以送給另一個人最珍貴的禮物。
>
> ——「非暴力溝通中心」創辦人馬歇爾．盧森堡博士（Marshall B. Rosenberg, PhD）

步。共感父母因此變得過度焦慮，一直圍在孩子身邊，大小事都插手。這樣對孩子不好，孩子也會跟著焦慮，還會開始怨恨父母。共感人應該善用直覺，但小心不要因為無微不至，反而讓孩子窒息。放手可以減低你的壓力指數。

此外，當孩子心情低落時，不要侵犯他們的情緒空間。你很難眼睜睜看著孩子受苦，但你要給他們時間消化自己的情緒。分清楚哪些情緒是你的，自己的情緒自己承擔。此外，也要讓孩子學習辨認自己的情緒。孩子有自己的生命課程，請放手讓他們按照自己的方式解決問題。我的意思不是父母不該引導孩子，但不要一下子就跳下去幫他們解決問題，你只會讓他們感到窒息。

九、穩住你自己的能量：你的能量也會影響孩子的能量。如果能以理想的方式表達自己的情緒，也能穩住孩子的情緒。避免因為心情不佳、感到挫折，就輕易發洩，你只會讓孩子跟著沮喪，弄不清楚自己做了什麼。一位單親的共感媽媽告訴我，她因為工作量很大，孩子課後永遠待在安親班。這位媽媽發現，如果自己當天工作不順利，她去接孩子時，孩子一上車就開始鬧脾氣。她漸漸發現孩子會胡鬧，其實是自己的氣影響到了孩子。孩子感應到母親的焦慮，也跟著焦慮起來。這位媽媽於是下定決心，下班後就停止想工作的事，安排和孩子共度美好的夜晚親子時光。她做了改變後，孩子也跟著開心起來。媽媽的溫柔能量與玩心能讓孩子鎮定下來。

十、**東西不能亂吃：**共感人很容易低血糖（詳情請見第三章），可以少量多餐，補充蛋白質，穩住自己的心情，保持穩定的能量。跳過一餐沒吃會讓我們容易疲憊、焦慮、感官超載。避免吃太多糖分，糖會導致情緒波動，連帶把沮喪的心情發洩在孩子與伴侶身上。盡量吃健康、天然的食物，達到平衡的情緒，好好補充能量。此外，酒也要少喝。有些共感父母會因為帶孩子壓力大，便求助於酒精或藥物，如抗焦慮藥物（媽媽的小幫手）。不要落入這種陷阱。

十一、**靠運動紓壓：**動一動可以紓解壓力，讓自己放輕鬆。運動能促使身體分泌腦內啡（身體的天然止痛藥），減少壓力荷爾蒙。瑜伽、伸展、散步、健行，也是很好的減壓法，可以避免感官超載。如果有辦法，試著安排和另一半輪流晚上去健身，讓兩人都有運動的機會。

十二、**和孩子一起享受美好的親子時光：**想想孩子是多美好的禮物，不要一直想著帶孩子有多煩。有孩子是非常幸福的事。孩子的快樂笑聲具有療癒效果。和孩子一起享受歡樂時光，讓你共感的那一面釋放壓力。

養育孩子是一場非凡的體驗，記得隨時對自己好一點，接受自己不是萬能的。共感人就算沒孩子，過量的人際接觸也會帶來感官超載。你很想答應參加聚會，但為了保護自己的能量，最好婉拒出席非必要的活動。我見過共感父母因為不懂得說「不」，把自己弄到崩潰。養孩子的附帶好處是學習照顧自己，懂得說出自己的需求，例如「我需要休息」、「我需要散個步減壓」。真正明白照顧自己的重要性之後，有孩子的生活將美好千萬倍。

家有敏感兒

孩子如果是共感人或高敏感族，相對於一般人，他們的神經系統會立刻對外在刺激起強烈的反應，有時知道感官超載，卻不曉得該怎麼辦。這樣的孩子，看到、聽到、聞到，以及直覺感受到的東西，全部多過一般人，體驗到的情緒也比別人強烈，例如他們可能不喜歡廚房與香水的強烈氣味，受不了別人大聲說話，或是討厭刺眼的亮光（尤其是日光燈）。他們喜歡柔軟的衣物（不會刺）、美麗的事物、大自然，只有一、兩個知心好友，也不是人來瘋的孩子。我們殘酷的世界，可能傷到這種孩子敏感的一面，連帶影響他們的行為。大多數的敏感孩子說不出自己為什麼沮喪，明智的父母除了需要協助孩子找到不開心的理由，還得教他們處理不開心的情緒（下文會分享方法）。

敏感兒的爸媽需要找出哪些東西會過度刺激孩子，避免參加特定活動，穩定孩子的心情，孩子就不會疲累、耍性子、焦慮不安。常見的過度刺激包括太忙（把孩子的一天排太滿，沒留休息時間）、一次做太多事、缺乏獨處時間、電動、暴力電視節目與新聞。晚間做這些事尤其不好，孩子可能會睡不著，或是需要摸很久才有辦法放鬆睡著。敏感兒的生理系統比較難從「刺激」過度到「安靜」，晚上需要花更多時間才能平靜下來。此外，敏感兒會感受並吸收他人的負面情緒，尤其是父母與好友的情緒。敏感兒是「超級情緒反應機」：受傷會傷得特別深，快樂則會特別快樂。

共感兒或敏感兒和別的孩子不一樣，面對光線、噪音、混亂群眾，大腦沒有相同的篩選機制，例如氣氛熱烈的運動比賽，可能讓他們感到過度刺激。歡呼聲、拍手聲、噓聲，對他們來講非常刺耳，甚至會感到痛苦。他們受不了大聲的音樂、喇叭聲、敲打聲或嘈雜的電動工具，這些聲音會讓他們躁動不安。相較之下，悅耳的鳥叫聲、溫柔的風聲與流動的水聲，可以安撫他們的情緒。具高度共感能力的孩子比較愛哭，他們處理超載情緒的方式是躲起來。

一般來講，學校和社會不會去體諒這群不尋常的孩子。傳統的醫生與老師則是給他們貼標籤，說他們「害羞」、「反社會」、「神經兮兮」，或是診斷他們有社交恐懼症、焦慮症或憂鬱症。共感兒由於生性安靜、體貼、內斂、溫柔，話不多，不會表現出強硬的樣子，別人有可能覺得他們不愛與人來往。共感兒面對種種誤解，父母一定要給予支持，呵護他們的敏感天性、直覺、創意與智慧，教他們如何面對這個世界。

我從小是共感人，我的醫生父母並未協助我處理自己的敏感性格。他們不是不愛我，只是不知道什麼是共感人，也不曉得如何理解我的特殊需求。爸媽希望我快樂，但他們認為不能鼓勵我敏感的一面，總是說我「過度敏感」，教我「臉皮要厚一點」。他們沒有惡意，卻讓孩子自以為有問題。我因為小時候被誤解、被當成隱形人看待，長大後特別熱中教導父母理解家中敏感的孩子。

讓孩子發揮天賦的第一步，就是理解自己的孩子是共感兒或敏感兒，把他們的敏感天賦看成優點，協助他們長大後成為傑出、有愛心、有深度的人。以下的測驗可以判斷您的孩子是否為共感人。

自我評估　你的孩子是共感人嗎？

- 你的孩子是否對事物有特別深的感受？
- 人、群眾、噪音、壓力對他們來講，是不是過度的刺激？

- 你的孩子看書或看電影時，是否對悲傷或嚇人的畫面反應特別激烈？
- 你的孩子是否想逃離家族聚會，因為人好多、好吵？
- 你的孩子是否感到自己和其他孩子不同，或是抱怨自己無法融入？
- 你的孩子是否善於聆聽，極富愛心？
- 你的孩子是否憑直覺就懂你或別人的事，讓你嚇一跳？
- 你的孩子和大自然、植物、動物之間（甚至是玩具布偶），是否有特別強烈的連結？
- 你的孩子是否常常一個人靜靜待著，不會吵著要和其他孩子一起玩？
- 你的孩子是否會跟著朋友一起壓力大或沮喪？
- 你的孩子是否會感應到你或他人的情緒與壓力，當你生氣、不高興、沮喪時，他們便開始亂鬧？
- 你的孩子是否只有一、兩個要好的朋友，而不是交友滿天下？

得分代表的含義：

- 九到十二個「是」，代表你的孩子具備極度強烈的共感特質。
- 六到八個「是」，代表具備強烈的共感特質。
- 四到七個「是」，代表具備中度的共感特質。

- 一到三個「是」，代表具備部分共感特質。
- 零個「是」，代表孩子不是共感人。

不論你的孩子位於共感光譜的哪一邊，教他們尊重自己敏感的一面，對所有的孩子來講都是好事。

新世代的「靛藍小孩」

過去十年，「靛藍小孩」（Indigo Children）引發眾多討論。我認為靛藍小孩也是一種共感人，他們具備驚人的直覺力，有辦法看穿人心與世事，和今日文化中占多數的另一群孩子形成對比，不會以自我為中心，也不會想要什麼就立刻要得到。靛藍小孩是一群新世代的孩子，他們的直覺被喚醒，高度敏感，清楚自己要什麼，想改變這個世界，讓世間更美好。靛藍小孩常被形容擁有「老靈魂」，他們深刻理解人類現況。有人認為靛藍小孩已經活過很多世，所以能夠理解世上的事。

我的一位病患說，自己十七歲的女兒安娜是靛藍小孩，她會做預言夢，從小就在著色本裡畫天使，在家中看見來訪的靈。此外，安娜直覺就能讀一個人的心，知道對方的感受。安娜十七歲時決定從事遏止全球暖化的工作，暖化現象傷害她的靈魂：「我感到痛苦，氣候變遷正在威脅我們的地球。」

靛藍小孩擁有特殊的需求，師長需要留意自己對待靛藍小孩的方式。尊重靛藍小孩的天賦，將使靛藍小孩減低挫折，人生獲得平衡。靛藍小孩可以帶來更高的集體意識，讓世人以全新觀點看待政治、社會、經濟上發生的事。靛藍小孩是共感人，可以改善這個世界，讓人與人之間、人與地球之間更能相互理解，達到和諧的狀態。如果你的孩子是如此特殊的靛藍小孩，請培養他們獨特的天賦。

敏感男孩會遇上的特殊挑戰

共感男孩的日子，有時比共感女孩更不好過，因為我們的文化喜歡用刻板印象批評別人，像是「男孩子不能哭」。人們經常羞辱天性溫和、充滿愛心的敏感男孩，訓斥他們「要像個男人一點」，造成敏感男孩長大後以自己為恥。敏感的男性因為承受過多的情緒，或是感應到他人的痛苦，小的時候比較常哭。開心的時候，或是看見人世間令人動容的事，也會哭。他們不喜歡吵吵鬧鬧的暴力動作片或電玩，激增的腎上腺素使他們不舒服。他們會避開橄欖球等需要大量肢體接觸的運動，以及拳擊等可能受傷的運動，因此有很多活動朋友不會邀請他們。敏感男孩因此感到受傷，覺得無法融入群體。西方文化鼓勵男孩勇於冒險，但共感男孩通常不會冒險，反而喜歡安全、可預測的結果。因為他們直覺就能察覺危險訊號，性格較為謹慎，容易被誤解為「懦弱怕事」。

兒子要是生性敏感，做爸媽的必須小心那些和「溫柔男性」有關的文化刻板印象，協助孩子接受自己的天賦。舉例來說，敏感男性可能被視為女性化、「太軟弱」、「不像個男人」。在老派的美國西部電影裡，男人的典範是像約翰・韋恩（John Wayne）那樣的硬漢，不會講出自己的痛苦與恐懼，不能流淚，不然就是孬種。新型的硬漢不一樣。今日的強大男性典範擁有足夠的安全感，不怕讓人看到自己軟弱、溫柔、哭泣的一面。會哭的男性不代表他們過於女性化，只代表他們學會同時擁抱人類男性化與女性化的面向，成為一個完整的人。我非常鼓勵家長從正面的角度，和兒子聊一聊性格敏感這件事——你的兒子體貼、聰明，懂得關心他人，具備創造力，擁有強大直覺，還具備天人合一的能力。你的兒子如果知道爸媽全力支持自己，將有助於培養自尊。

有的敏感男孩很可惜，為了融入同儕，試圖成為自己不是的人，或是靠著酗酒或其他成癮行為，麻痺自己過於強大的共感能力。一位母親曾告訴我：「我個性敏感的兒子在學校被霸凌，精神崩潰，說自己再也不相信任何人。因為被欺負，他不敢踏出家門，不想再受傷。」各位一定要和兒子討論霸凌問題，讓孩子明白那不是他們的錯。霸凌別人的人，才是情緒有問題；你的兒子沒有問題，擁有敏銳的覺受並非他的錯。當他表現敏感時，絕不可容忍任何人污辱他。你要為他挺身而出，聯絡校方，讓所有的人明白，校園內絕不容許霸凌行為。

情感細膩的父親是兒子非常好的榜樣。就算父親本身不是共感人，只要他們毫不羞於顯露愛心及溫柔體貼的個性，就能將正確訊息傳遞給兒子。稱職的父親既強大又纖細，個性善良，不怕向家人表達自己的感受。父母的身教將影響孩子的一生，你要讓兒子看到如何活出身心健全的美滿生活。

如何支持敏感兒

壓力以及奇妙的懷孕期與嬰兒期

有哪些因素可能造成孩子是共感人？有的人還在媽媽肚子裡時，就已經是共感人，強烈感受著每一件事，不論是快樂還是有壓力的事。嬰兒都很敏感，但共感兒出生時，敏感程度就已經高過一般孩子，對外在刺激會有強烈的反應。從這樣的例子來看，共感似乎是一種基因遺傳特質。[2]然而，共感的人格特質有時是幼年教養帶來的結果。父母的身教很重要，孩子會從父母身上學到共感特質。[3]

從懷孕開始就要支持共感兒。懷孕期發生的每件事都會影響胎兒的成長。事實上，不論孩子日後是否成為共感人，眾所皆知，胎兒對父母提供的情緒環境相當敏感。研究顯示，有的胎兒喜歡聽莫札特，聽饒舌歌則會躁動不安。[4]懷孕期播放能放鬆心情的音樂，可以同時安撫母親與胎兒的情緒。

此外，母親承受的壓力程度也會有所影響。研究顯示，母親的壓力荷爾蒙會穿越胎盤，在胎兒身上流通，造成孩子「容易受驚」。[5]懷孕的母親要是經常與另一半或他人起衝突，胎兒不得不準備好面對高壓的環境，出生後容易出現其他壓力相關的症狀。

與敏感相關的神經連結會在子宮時期發育。一定要讓懷孕女性的周遭環境盡量祥和寧靜，使得媽媽與胎兒都沐浴在腦內啡之中。腦內啡是人體內讓人感到「幸福」的神經化學物質。冥想、笑聲、運動、身處大自然，都能促進腦內啡的分泌。我建議媽媽們在懷孕期及生產後每天做以下的冥想，享受腦內啡帶來的好處，讓身心靈都感到祥和。

共感人自救法　給媽媽的冥想練習：感受內在的女神

緩緩深呼吸五分鐘，把手放在心臟的位置，讓心中充滿愛意，感謝自己能當母親。好好體驗那份幸福、感激、暖意，以及為人母的感受。母親是創造的女神。母親的照顧來自深深的愛意。「母親女神」存在於妳的內心深處，請感受那股力量。她是妳的一部分，以一股神祕的力量連結著大地，以及所有的自然循環。許多古老文化都信仰母親女神。妳要讚揚內心的母親女神，感受她的原始力量，感謝女神存在於妳的體內。■

妳做出反應，胎兒也會做出反應，因此保持正面心態很重要。妳讓自己鎮定，寶寶也會穩定。記得要想著樂觀、平靜的念頭。此外，用謹慎、輕鬆的方式移動身體。慢慢走路散步時，胎兒感受到的輕微晃動，將使你們都處於放鬆狀態。同理，孩子出生後，輕輕搖晃的動作可以把孩子哄睡。

共感媽媽在懷孕期一定要善待自己，體內有新生命會增強敏感度。想感受寶寶，把手放在肚子上，慈愛地摸一摸，把心的能量傳遞給孩子。另一半也可以跟著一起做。這等於用充滿活力的方式說「嗨」，在親子間建立美好的連結。當妳用直覺去感受孩子的存在，伴隨懷孕而來的焦慮將消失不見。一位共感媽媽曾與我分享：「我感受得到成長中的胎兒。我的女兒像一隻蝴蝶，將翅膀伸展到我腹中的每個角落，我知道一切都很平安。」

共感父親也必須適應懷孕期升高的敏感度。有位爸爸是身體共感人，他告訴我，他甚至比太太更早出現害喜症狀。他無意間用直覺和太太的身體融為一體，於是太太的感受他也能體會。這位爸爸在我們的課程中做了冥想與接地練習之後，比較能在妻子與自身的能量之間畫出界限，不再那麼容易吸收到太太的症狀。

孩子出生後，如果你覺得孩子可能是共感兒，尤其要提供他們舒適、祥和的環境。光線要柔和，盡量不要有噪音。餵母乳，以及使用嬰兒揹巾可以強化親子間的連結，讓你們近距離感受到雙方的能量。孩子哭的時候，與其把他獨自留在嬰兒床裡，塞奶嘴或奶瓶給他，這是更能安撫寶寶的方法。

早期創傷對成人敏感度造成的影響

我是個精神科醫師，我觀察到，如果童年時期曾經受虐，或是父母疏於照顧，將影響成年後的敏感度。本書第一章提過，我治療過的許多共感患者，童年經歷過早期的身心創傷，造成他們無力保護自己，一生中都比常人敏感。

在憤怒的環境中成長，尤其會影響到性格敏感的孩童。俄勒岡大學的研究人員近期的研究發現，嬰兒聽見吵架或憤怒的說話聲會開始躁動。若是持續處於爭吵聲中，他們會連帶對其他類型的壓力起更大的反應，出現睡眠障礙。[6] 做父母的人必須瞭解憤怒與大吼大叫對嬰兒的影響，學習控制自己的情緒，用健康的方式表達怒氣。嬰兒完全離不開大人，沒有能力在你生氣時走開，於是不得不承受有害的後果。研究也顯示，虐待所帶來的極端

> 請求上蒼賜給我寧靜，
> 好讓我接受我無法改變的
> 父母。
>
> ——〈寧靜禱文〉（改編版）

> 對不起。
> 我原諒你。
> 我愛你。
> 謝謝你。
>
> ——〈荷歐波諾波諾禱文〉

壓力源，深深影響著嬰兒的腦部發育。為人父母者不可不慎。

我建議所有曾被父母忽視或虐待的共感人，向治療師或其他合格的人員尋求協助，治療心中的傷口。我也建議你們複誦改編版的〈寧靜禱文〉（Serenity Prayer，見上），放掉過去，不再期待有一天你的父母會改變。說出〈寧靜禱文〉可以保護你，不再讓有害的恨意及成長過程的痛苦傷害你。不論你的父母多麼無知、多麼不懂得愛人，你要接納自己的過去，找到平靜與幽默感。心中的恨意愈少（尤其是對家人的恨），你和你的孩子愈可能幸福。

此外，原諒自己在當父母時在孩子與家人身上犯的錯，同樣有療癒的效果，也很重要。不必太苛責自己，我們都非完人，但如果在親人面前顯露出不耐煩、沮喪、暴躁的樣子，最好立刻改正自己。你可以用充滿愛的眼神看著孩子或另一半，在心中默念夏威夷傳統的溫柔祈禱文〈荷歐波諾波諾禱文〉（Ho'oponopono prayer，如上）。

說出這段禱文可以製造正能量，清除恨意與傷痛，深深記住自己當父母所學到的寶貴靈性課程，包括自愛、謙遜，以及尊重自己、孩子、另一半的敏感天性。

呵護共感兒的二十個方法

支持敏感兒，讚美他們的能力，是很美好的一件事，能讓敏感兒在成長過程中自由自在做自己，現在或以後都樂於當情感豐富的人。以下策略可協助親子走過成長過程：

一、**鼓勵孩子發揮敏感與直覺的那一面：**鼓勵孩子在你及其他給予支持的人面前，坦然說出自己的能力。記得要讓孩子瞭解，不是每個人都認可這樣的天賦，你要教他們判斷可以和什麼樣的人說。此外，你可以分享自己的共感經驗，例如你容易接收他人的情緒與壓力。不過要注意的是，我不會過度分享痛苦的細節。重點是你想要給孩子支持的力量，而不是為自己做心理治療。教導孩子重視自己的獨特性，信任直覺感受與內在聲音。如此一來，孩子將把自己的天賦看成很自然的事。這樣的親子對話會讓孩子感到受重視，更能理解自己出現的反應。

二、**尊重孩子的感受：**仔細聆聽孩子的感受，尊重他們的感受。也就是說，你可能得偶爾允許他們不去上學，或是讓他們更常一個人玩，釋放心中過多的情緒。我們不該讓孩子養成孤僻的性格，但共感兒需要獨處時間。為了健康著想，我們盡量支持這樣的需求。如果你的孩子需要爬過餐桌底下，或是離開大型聚會，不要把他們硬拖回來跟大家待在一起。不要因為他們想離開而開口責罵。如果他們喜歡待在旁邊看，以免情緒超載，就讓他們靜靜待著沒關係。他們也在參與，只不過是以自己的方式。等眾人離開後，你可能會很訝異孩子觀察到的事。

三、**讓家人與老師理解共感兒的狀況：**不要讓別人批評你的孩子，或是強加價值觀在他們身上，比如說，因為你的孩子容易心理受傷或沮喪，就要他們「堅強一點」。家人及其他人可能沒惡意，只是需要多瞭解孩子的敏感性格是怎麼一回事。學校環境對共感人不是很友善，請讓老師瞭解你家孩子的特質，說明孩子容易感官超載的情形。此外，萬一孩子在學校被欺負或嘲笑，也要請老師協助處理。

四、信任你的直覺：打開你的直覺，瞭解孩子的需求。不要質疑內心的聲音，或是因為別人說了什麼，就決定不聽從自己的直覺。在養育孩子的路上，讓直覺引導你。

五、**協助孩子留意自己接收到他人情緒的時刻：**向兒女解釋，敏感的孩子很容易受到身邊其他人的情緒影響，程度可能超過其他小朋友。你可以告訴孩子，這就像是別人頭上有一朵下雨的雲或是陽光普照，那個人自己看不見，但你的孩子看得見。你可以給孩子看喬・畢夫匹克（Joe Btfsplk）的圖片，那是知名漫畫《萊爾・艾布納》（*Li'l Abner*）中的人物。喬的頭上總是籠罩一朵烏雲，但他心地善良，只是會給身邊的人帶來壞運。

共感兒能感受到人們散發的正、負能量，所以當你發現孩子無緣無故情緒轉換，或是精力突然增加或下降，告訴他們大概是接收到別人的情緒。當然，如果是跟著心情好，那沒關係。但如果別人的情緒讓孩子感到不舒服或疲憊，那就支持孩子和對方拉開距離，和孩子聊一聊感受。一旦孩子學會分辨哪些情緒是自己的、哪些是別人的，就不會再那麼困惑。

六、**做父母的人情緒要穩定：**共感兒容易接收父母的焦慮，想要讓事情有所改善，大人要先穩定自己的情緒，避免在孩子身旁流露過分的焦慮。一位媽媽告訴我：「如果我很焦慮，我敏感的兒子感受到了，他也會情緒不穩，開始大哭大鬧。我的目標是盡量保持鎮定。如果我很鎮定，兒子就會有安全感。」請特別注意，共感程度高的孩子會出現大人的情緒與症狀。同樣地，共感父母也會出現孩子的情緒與症狀。

七、**不要在孩子面前或他們聽得到的地方吵架：**敏感兒覺得讓父母和睦相處是自己的責任。他們比其他孩子更容易被嚇到，也更容易吸收到他人的怒氣。焦慮和爭執會使他們過度接受刺激。如果你一定得和伴侶或其他人爭論的話，就挑孩子聽不見的時刻。高敏感孩子和高敏感成人一樣，吼叫會讓他們受傷，誤以為爸媽吵架是自己的錯。此外，他們會吸收負能量，也想幫忙解決問題，但那不是孩子該扮演的角色。

八、**鼓勵孩子安靜獨處，發揮創意：**共感兒非常需要自由活動時間，在那段期間發揮創意，讓想像力遨遊。共感兒獨處時能夠充電，讓情緒安定下來，減少被過度刺激的可能性。這樣的寧靜休息時間，具有恢復能量的神奇效果。請支持孩子擁有這樣的中場休息時間，方法是不要過度安排孩子的活動，允許他們隨時休息，尤其是情緒不穩、哭鬧、承受過度刺激的時刻。

九、**傳授孩子呼吸與冥想練習：**每當敏感孩子感受到壓力，或是發覺自己感染他人的情緒（包括你的），他們得學會做幾次深呼吸鎮定下來。此外，也可以閉上眼睛幾分鐘，想像令人放鬆的畫面，如海洋、可愛的寵物、在公園開心的一天。要孩子一邊專心想著那個畫面，一邊呼出所有的不舒服，接著吸進寧靜與快樂。孩子將學會如何打破感官超載的循環，再次穩住自己。

十、**鼓勵孩子說出夢境：**共感兒通常喜歡分享夜晚做的夢。親子可以自創早餐儀式，用餐時讓孩子詳細說出夢境內容，討論夢境帶來的情緒、有什麼樣的感受、那個夢會是什麼意思。舉例來說，如果孩子做了一個沮喪的夢，試著找出日常生活中讓他們沮喪的源頭，紓解那個情緒。你也可以建議孩子寫夢境日記，記錄每晚做的夢。除了用寫的，也可以在日記本畫出夢中畫面。

十一、**幫助孩子練習升起防護罩，隔離能量吸血鬼：**鼓勵孩子找出哪些人讓他們感到疲憊或沮喪，畫下健康的界限。對方可能是大人，也可能是其他孩子。舉例來說，孩子可以說一句話，避免與能量吸血鬼相處：「我得去找媽媽了。」更簡單的方法是避免待在發脾氣的人身旁，以免被波及。如果躲不了，可以教孩子想像離他們皮膚幾公分的地方，有一個白光防護罩，從頭到腳完全罩住他們的身體。向孩子解釋，這個防護罩可以隔絕負能量，擋掉令人不舒服的感受，但正能量依然有辦法穿透。

十二、**用鼓聲穩定孩子的情緒**：節奏聲是可以穩定孩子情緒的原始聲音。敏感兒承受過量的刺激或亂發脾氣時，親子可以一起享受擊鼓的歡樂時光，以穩定的緩慢節奏模仿心跳聲。此外，搖沙鈴也能紓解壓力等。等孩子大一點之後，你們可以加入社區的擊鼓社——只要人數不要太多就好。

十三、**避免待在會刺激情緒的情境**：太多的感官刺激會使得共感兒躁動不安。如果環境中有太多聲、光、色刺激，記得限制孩子待在裡頭的時間，例如迪士尼樂園和其他遊樂園。同遊的人可能沒感覺，但對敏感兒來講，兩、三個小時可能就是極限。在「世界上最快樂的樂園」拖著大哭大鬧的孩子，不是什麼快樂的事。記得趁遊客還不多的時候早點入園，孩子一出現感官超載的跡象就喊卡，看是要回旅館，還是回家都可以。等大家都休息夠了、情緒穩定後再回去。

十四、**孩子睡覺前，給一段靜下來的緩衝期**：上床前不要看電視、看手機、上社群媒體、打電動、玩電腦，或是使用任何電子裝置。共感兒晚上通常必須花較長的時間入睡。

昏暗與安靜的環境可降低刺激，孩子會更容易進入夢鄉。你也可以唱搖籃曲哄他們。

十五、**少吃加工食品、碳水化合物和糖類**：少吃此類食物，能避免含糖類及碳水化合物造成的情緒波動，降低孩子受刺激的程度。糖會令人亢奮，碳水化合物吃多了還會造成渴求更多的問題。加工食品含有大量化學成分，營養少，不好消化，孩子吃了容易煩躁，過度亢奮或精神不振，專注力下降。敏感兒多半對食物敏感。父母要讓孩子瞭解，他們吃下肚的東西將如何影響心情與精力。

十六、**在孩子開始躁動前插手**：孩子要是情緒沮喪，眼看就要鬧脾氣，可以把燈光轉暗，讓氣氛柔和一點。也可以播放放鬆心情的音樂——搖滾樂、重金屬、饒舌歌都不適合。播放大自然的聲音，如流水聲，有時也可以放鬆情緒。你也可以要孩子慢下來，做長長的深呼吸，教他們呼出壓力，吸進寧靜。

十七、**利用精油做芳香療法（避開人工的合成精油）**：薰衣草可以放鬆心情。在孩子的第三眼（額頭正中央）抹上一、兩滴薰衣草精油，或是加熱精油，讓香味散布在房間內（販售精油的地點，通常也會搭售安全加熱精油的裝置）。睡前可以泡澡，水中加幾滴薰衣草、洋甘菊、檀木或依蘭精油，可鎮定心情。讓孩子想像自己在水中洗掉所有壓力。泡澡時加入半杯瀉鹽，也能移除毒素，紓緩壓力。此外，晚間洗澡時或是洗完後按摩，也能幫助孩子放鬆、入眠。

十八、**寵物療法：**寵物讓人心情好，還提供孩子無條件的愛。寵物是很好的伴，可以穩住沮喪的孩子，讓他們安靜下來。共感兒特別喜歡動物，如果他們是動物共感人，甚至還能與動物深層溝通。狗兒特別能穩住過動或攻擊性強的孩子。

十九、**利用寶石：**給孩子一塊水晶或粉色、黑色的碧璽，讓他們握在手中。握住此類寶石會帶來安心感，不知不覺中接地氣，穩定心情。

二十、**幫助孩子調降壓力儀表板的指數：**除了以上小訣竅，家長也可以教孩子在覺得超載時，做下面的想像練習，穩住心情，打破壓力循環。共感兒在家中、學校，或是和朋友相處的時候，都可以做這個練習。這個方法是所有敏感兒的基本工具。

敏感兒的共感人自救法　**調降壓力指數**

孩子感官超載的時候，你可以教他們想像面前的桌上，有一個大大的儀表板，上頭有刻度，最左邊是「十」，最右邊是「〇」。目前指針指著「十」。想像自己慢慢地撥動指針，從「十」開始，朝順時鐘方向撥到右邊，數字愈變愈小，直到指向「〇」：十、九、八、七、六、五、四、三、二、一。一邊撥，一邊感到愈來愈輕鬆。你降低了壓力，減少不安的感受。指針指到「〇」的時候，你感到鎮定與開心。

孩子如果年齡太小，沒辦法想像儀表板，你可以畫一張圖，要孩子指著自己的壓力值，接著和他們一起慢慢數，一直數到「〇」。■

本章介紹的實用策略，可以讓養育共感兒的家庭發現這是一個更鎮定、更喜悅的歷程。支持共感兒的特殊天賦可以帶來幸福。共感兒如果能從小就學習處理自己的敏感特質，他們更能順利度過兒童期及成人生活。從這個角度來看，養育孩子確實是神聖的責任。

更美好的親子藍圖

我的夢想是，有一天父母與學校裡的教育人士，能夠趁早瞭解共感兒是怎麼一回事。家長、老師、大人不該為了孩子敏感而責備他們，反倒應該支持他們的共感天賦，協助共感兒及親友瞭解他們的情形。孩子將瞭解如何面對自己的特質，培養出創意與自信。

我們可以攜手合作，歡迎性格敏銳的兒童與成人。高敏感人士心胸寬大，有這樣的人當領袖，世界將更祥和。我在職業生涯中開設了工作坊、寫書、提供線上課程與有聲書，盡量讓更多民眾理解共感人。我想讓各行各業的領袖、治療師及父母瞭解共感人的情形，以及敏感兒該如何照顧。如果有一天，所有人都能敞開心胸，接受孩子與我們自己美好的敏感天賦，璀璨的未來就在眼前。

共感人誓言

以下是孩子與家長都適用的自我喊話：「我擁抱我的敏感天賦，每天給自己時間休息並充電。我會告訴支持我的人我的需求，不會隱藏天賦，並坦然做自己。我會尊重自己的能力，自豪能當個有愛心的共感人。」

第7章 共感人與工作

共感人必須能在工作環境中感到自在，才有辦法健康、快樂。其實誰不是這樣呢？然而比起其他人，共感人缺乏隔絕刺激的壓力防衛機制，在工作中非常容易陷入精疲力竭或生病的狀態。共感人是創作者、發明家、夢想家、藝術家，感受先於理智。共感人工作時，往往跳脫思考框架，因此公司或傳統辦公室令他們感到綁手綁腳。不過，共感人如果從事能發揮天賦的工作，會感到充實、活力充沛、樂趣十足。

共感人在正確的工作環境中，十分活躍。適合共感人氣質的工作，可以啟發我們，提供發揮創意的園地，讓人精力大振，生活充滿熱情。此外，共感人如果知道自己做的是對世人有益的工作，即便只是以最小的方式幫助到人，樂於給予的共感人都會獲得滿足感。然而一旦選錯工作，工作會立刻吸光共感人的精力，壓力與情緒超載將帶來一連串的情緒問題與身體症狀。本章將分享如何依據自己的天賦與感官需求，找到最適合自己的職業生涯。由於大部分的工作通常工時很長，為了健康著想，共感人一定得找到大多數時候都感到自在的工作。

對共感人友善的工作環境

我們在工作中的自在程度，主要受三大因素影響：我們從工作中獲得的意義、身旁的人散發的能量、實體空間的能量。請就這三件事，瞭解自己目前的狀況，思考改善的方法。

一、有意義的工作

共感人喜歡做有意義、能配合自身敏感性格的工作。我們喜歡感到自己對他人的人生、對這個世界盡一份心力。這樣的工作五花八門，從園藝、外燴服務到醫療、社工、教育等助人的行業都有可能。最重要的考量是，你必須直覺就感受到那份工作對身體好，而且不會吸光你的精力，即使只要是工作，總有令人疲憊的時刻。

我感到自己十分幸運，我是作家、講者、醫師，做著自己有熱情的事。我和許多共感人一樣，喜歡服務他人，也喜歡發揮創造力。共感人不論是擔任健康照護專業人士、餐飲人員、律師、髮型師，永遠在協助同事及他人。服務別人是一種很美好的工作心態，可讓

> 你要有勇氣追隨自己的心與直覺，因為你的心和直覺已經知道你真正想成為哪種人。
>
> ——史蒂夫·賈伯斯（Steve Jobs）

各行各業的工作產生意義。波斯詩人魯米（Rumi）說過：「我們要從事與我們熱愛的美相關的事物，跪下來親吻大地的方式有千百種。」共感人若是謙遜地服務他人，為了世上的善而努力，即便是壓力大或無聊的工作，也變得可以忍受。

如果你希望在他處另覓更有意義的工作，愛與服務的重要性可以協助你弄清楚生命中的優先順序。此外，不論做什麼工作、是否做下去，要想著可以感恩的地方，而不是不斷告訴自己這份工作有多惹人厭，這樣才能帶來建設性的改變。後文將介紹適合與不適合共感人的工作類型，協助各位替自己做出最好的選擇。

二、身旁的人散發的能量

同事、上司、一起共事的人，決定了一份工作的舒適程度。敏感人士極容易受不了噪音、衝突、辦公室政治。工作上別人覺得有點煩心的事，共感人可能完全被擊倒、焦慮不已。心思細膩的人，比較適合待在重視良好氣氛、合作、互助的友善環境裡；重視廝殺的華爾街可能就不太適合。理想上，我們需要感覺與同事、上司合得來——即便能體諒共感人的工作環境少之又少。然而，比較實際的目標是找到幾個與自己契合的同事。雖然不太可能要求工作環境中的每個人都正面看待共感人，更別說要尊重共感人的需求，若有貴人相助，事情會容易許多。如果有人從旁支持，壓力與疲憊感就不至於擊垮我們。

有貴人相助很好，不過世界上到處是能量吸血鬼。第五章提過，此類吸血鬼包括自戀者、憤怒狂、受害者、以退為進者、喋喋不休者，以及喜歡小事化大的人。每個職場都有這種能量吸血鬼，只要被吸到，身心都會受影響，工作表現變差。有毒的同事、共事者、主管會對工作造成非常大的影響，因為很難避開他們。共感人一旦吸進別人的負能量，健康就會出問題，感到倦怠、易怒、痛苦，如果是原本就有的症狀則會加重。

請把前文提過的共感人自救法牢記在心，做好在職場上應付吸血鬼的準備。一位共感人告訴我：「我能撐到今天，靠的是專心做好自己的工作，遠離自怨自艾、小題大作、在背後捅刀，或是抱怨個沒完的人。」有一位共感人是護士，她說：「我盡量值晚班，避開白天的八卦、無意義的閒聊與院內政治。晚上的時候，我可以專心照顧病人，做好自己喜歡的工作。」我也建議各位複習本書的第五章，運用那一章提到的共感人自救法，好好在工作環境中保護自己，像是設定界限、升起能量防護罩與冥想，盡量不要耗損自己的能量。此外，待在正面的同事身旁，也能緩衝有毒同事的影響。

三、實體空間的能量

每一棟建築物、每一間辦公室、每一個樓梯間，都有各自的精微能量。有的空間令人感到神清氣爽，有的則不然。共感人的感官極度敏銳，直覺就能感受到實體空間的能量。我建議各位靜靜感受工作環境的能量，確認那個氣是好的。空間裡有時會殘留的正負能量，如果感覺氣不對，可以灑一些玫瑰水淨化室內。燒鼠尾草則要小心，雖然那是有效的空間淨化法，但煙霧可能觸發火災警鈴，或是讓不理解能量淨化儀式的同事不舒服，有些人確實覺得這種事很詭異。你也可以獨自冥想，或是和志同道合的同事一起注入心的能量，移除負能量或滯留的壞能量。甚至可以請風水師幫忙，他們會教你如何擺放桌椅、植物、鏡子、各式物品，營造出一個和諧的環境。

實體空間帶來的感受還受其他因素影響，包括光線明暗、噪音、忙碌程度、氣味、空氣流動、同事之間相隔的距離、缺乏隱私等等。沒有窗戶或刺眼的日光燈會讓共感人無法拿出好的表現。此外，共感人多少都有幽閉恐懼症，喜歡周圍有大一點的私人空間，以免吸收到旁人的壓力。擁擠的環境會讓共感人躁動不安或精力流失，處在安靜、開闊、有秩序的空間，比較能夠集中精神。

放置在身旁的許多電子裝置也會耗損人體能量，在「電子敏感人」身上尤其顯著。手機和電腦發出的電磁輻射，影響著人腦與心臟周圍的電磁場。「美國國家毒理學計畫」

（National Toxicology Program）近日的研究發現，手機輻射與老鼠的腦部及心臟腫瘤有關。[1]一位共感人告訴我：「我盡量罩住桌前的螢幕，螢幕愈大愈不理想。我每用電腦一段時間，就會休息一下，手機也不要太常用。」

最後，工作環境中的人體能量，深深影響一個空間給人的感受。負面的人會產生負能量，正面的人會產生正能量。不過，即使身處混亂或引發焦慮的空間，你依然可以替自己製造一方小淨土，譬如在辦公桌的四周擺放鮮花、水晶、聖物。

職場上的情緒感染

吸收環境壓力對共感人來說有很不好的影響。研究證實，人類會接收到彼此的情緒，這種現象的專有名詞是「情緒感染」（emotional contagion）。[2]只要有一個員工焦慮或恐慌，他的情緒就會像病毒一樣，瞬間傳遍整間辦公室，造成士氣低落，生產力下降。開心的情緒同樣能傳遍整個工作空間，正面的情緒感染則可以增強同事間的合作程度、滿意度與工作績效。雖然每個人都會受到情緒感染，共感人受影響的程度尤其大。好消息是，我們可以從工作空間所有的正能量受益；壞消息是，我們也會染上同事的情緒與疾病。我們必須學著不把壞東西吸進體內。

雪上加霜的是，今日的辦公室環境大都設計成開放空間，桌子和桌子之間沒用牆隔開，或是只有玻璃隔板，每個人窩在一小格之中，基本上所有人共享同一個區域，聽得見別人在講話、抱怨、八卦、咳嗽、擤鼻涕、大笑、哼歌、嚼口香糖吹泡泡，還有打開糖果包裝的聲音。此外，你聞得到鄰居的香水味，他們吃什麼你都聞得到，還會看到人們走來走去。聲音、氣味、景象帶來永無止境的感官刺激。這種缺乏隱私的工作空間，使共感人更容易吸進同事的壓力。

幸好，我們還是能用有創意的方式，避免工作上的情緒感染。電子商務公司 Shopify 調查自家員工後，發現內向和外向的人數差不多。於是，公司的辦公室設計師替兩群人調整辦公室空間，有的區域比較熱鬧、有比較多互動；有的空間則擺放可推到角落、製造隱私空間的高背沙發。有的辦公間氣氛有如舒服的圖書館，適合做「安靜的工作」。Shopify 利用各種設計元素，提供更多適合內向人士做事的寧靜空間，免於吸收同事的壓力。

就算隔著遙遠的距離，共感人還是可能被他人的情緒影響，例如電話另一頭的顧客與客戶。在另一個空間的人感受到的事，我們也會感同身受。一位共感工作坊成員表示：「我最近剛開始賣人壽保險，講電話讓我很焦慮，就算客戶只是想詢問一些資訊也一樣。一些不在承保範圍內卻失去房子的客戶，還有配偶死於意外的客戶，他們的心情都讓我感同身受。他們痛苦，我也跟著痛苦！」

身處刺激過多、令人情緒起伏的擁擠環境時，以下幾種小技巧可以保護你的能量。

共感人自救法　在工作時設下能量界限

如果身處開放空間或混亂的辦公室，可以擺放植物或家人及寵物的照片，圍住自己的桌子，設下心理界限。此外，聖物也能帶來能量界限，如觀音像、聖方濟各像、佛像、聖珠、水晶、具保護作用的石頭。記得要利用上廁所的時間休息一下。可以的話，到外頭吸收一下新鮮空氣。抗噪耳機（耳塞式或耳罩）可以隔絕對話與惱人的聲音。此外，你可以想像一個發亮的金蛋殼罩住你的辦公桌，趕走負能量，只讓正能量進入。想著自己在這顆金蛋內很安全，受到保護。接下來的所有策略，皆能創造讓你安心工作的防護罩。■

我們無法掌控工作環境中的每一件事，但的確可以轉換身體周遭的能量。若能專心安住於自己營造出的安全空間，不去管周遭的噪音與混亂，減少情緒感染，工作起來就會更有安全感、心情更愉快。

找到正確工作

對共感人來講，有的工作會帶來較多滿足感，壓力也比較小。共感人工作要做得好並樂在其中，必須盡力發揮敏銳的天賦、直覺、細膩的心思、安靜的潛質及創意，而且不需要成為我們不是的人。

最適合共感人的工作

人們經常問我，哪種類型的職業及工作條件最適合共感人。一般來講，壓力較少的小公司或自行創業最適合共感人。在家工作，遠離辦公室的混亂，通常會讓共感人比較開心。改用電子郵件、電話、簡訊，遠距離處理情緒吸血鬼，不用面對面，將容易許多。如果各位在家工作，可以提前規畫，定期休息紓壓。

我有許多共感病患喜歡自雇形態的工作，避開被同事耗光精力。共感人比較適合自己控制時間的工作方式，不適合沒事就開團隊會議的大公司（除非那個團隊正面又團結）。一位共感人說：「我努力做辦公室工作，但試了好幾次都不成功，於是在家開業。當自己的老闆讓我更有活力也更快樂。」另一位共感朋友告訴我：「我在家當裁縫。我永遠沒辦法一週待在辦公室四十小時。辦公室的氣味、聲音、燈光會讓我生病。」

各位如果受雇於企業，可以和公司商量部分時間在家工作，靠網路、電子郵件、簡訊、Skype 保持聯繫。近日的工作潮流是不必時時綁在辦公室裡，這對共感人來講是好消息，工作地點更有彈性。有個共感人幫自己安排了走到哪都能進行的工作，他建議生性敏感的人：「我以前替企業工作，辦公室政治耗光我的精力。現在我用 Skype 工作，真是太美好了。你可以想一想自己喜歡做什麼，思考一下你的技能組合，看看能否透過網路做你想做也有能力做的事。這是新形態的工作走向。」

不過，無論你是在家工作，或是待在一人辦公室，小心不要變得與世隔絕，或是把自己逼得太緊，安排太多工作。獨處之餘，也要和同事、朋友見見面。我有一些共感病患發現，最好的辦法是部分時間在家工作，另外藉由在外頭開會來打破孤立的狀態。一位採取這種作法的共感財務顧問表示：「我喜歡獨立作業，在不同地方與客戶碰面，不必困在辦公室或家裡，也有辦法安排自己的時間。」此類的工作安排勝過開車上下班，不必忍受塞車，以及在辦公室待八小時以上帶來的感官超載。時間管理是關鍵。

以上考量要如何應用在真實世界的工作？共感人適合自雇，自己當老闆，或是從事作家、編輯、藝術家等創意工作。許多演員與歌手坦承自己「高度敏感」，像是女演員克萊兒．丹妮絲（Claire Danes）、女歌手莫莉塞特、女演員史嘉蕾．喬韓森（Scarlett Johansson），還有金．凱瑞。

作為敏銳的共感人，就和當藝術家一樣，美妙至極。

——女歌手莫莉塞特

其他適合共感人的工作，包括網站與平面設計、虛擬助理、自行開業的會計師和律師，以及可自由接案的獨立水電工與承包商等。只要你能設定嚴格的界限，規定什麼時間才能找到你，不要把行程塞太滿，擔任不動產仲介或四處跑的商業顧問也是不錯的選擇。景觀設計、園藝、林業等能待在大自然的職業，還有保護地球與生態系的工作，也是共感人很好的選擇。

許多共感人心地善良，渴望服務他人，因此從事助人的行業，成為醫生、護士、牙醫、物理治療師、心理治療師、社工、老師、瑜伽老師、中醫、按摩師、牧師、安養院工作人員、人生教練、非營利組織的員工或義工等具使命感的工作。從事與動物、動物救援、獸醫相關的行業，同樣能帶來工作滿足感。然而，共感人在從事助人行業時，務必學習避免接收病患與客戶的症狀與壓力，後文會再深入這個主題。警察或消防員等職業雖然十分英勇，在工作環境中會面臨高感官刺激，不免造成身體與情緒方面的創傷，對共感人來說可能壓力太大。

利用直覺與愛心替大眾謀福利的工作，共感人最能如魚得水。一名共感病患告訴我：「我很適合當大學教授，因為我能感覺到哪位學生需要額外的協助。」另一位共感人表示：

「身為有效率的行政人員，人們來找我都很安心，因為我瞭解他們的需求。」助人會帶給共感人很大的滿足感，只是我們通常會過度付出，容易倦怠。不過，從事助人行業時只要懂得照顧自己，就能在改善眾人生活的同時，擁有帶來深層滿足的職業生涯。

共感人是許多行業的無價之寶，但各位需要找到適合自己的技能、天賦、性情的工作。企業、學術界、職業運動、軍方、政府可能不歡迎共感人的特質。共感人比較適合助人的行業、人文行業、具備人道關懷精神的組織。請運用你的直覺，看看組織的使命與共同目標是否適合自己，感應自己能否融入那個組織的人員，以及工作環境的空間與能量。名稱好聽的工作不見得適合你，適合的工作必須通過你的直覺與身體感應的審查。

共感人應該避免的工作

保護自身能量的最佳方式，就是選擇能提升你獨特的共感天賦、不會榨乾精力的工作。共感人最好別碰什麼工作？銷售工作名列前茅。很少有共感人喜歡當銷售人員，尤其是內向的共感人，因為面對外界會耗掉我們太多精力。有一位從事技術支援工作的工作坊成員表示：「我性格太敏感，無法一直面對大發雷霆的顧客，即便他們並非無理取鬧。」這位工作坊成員和許多敏感人士一樣，人們的憤怒與壓力讓她無力負荷。另一位共感人告訴我：「在沃爾瑪超市（Walmart）當收銀員，差點讓我焦慮症發作。擁擠的人群、嘰嘰喳喳的講話聲、擴音器的廣播、刺眼的燈光、冗長的工作時間，全都讓我疲憊不已。」不論是賣車子、鑽戒，還是做廣告，共感人通常受不了一整天處於「隨時應戰」的狀態。

當然，只要你熱愛自己的工作，就算是從事銷售工作，情況也會不一樣。一位共感人告訴我：「我有辦法把我照顧寵物的專業能力推銷給任何人，因為我熱愛這份事業，我相信這個行業能造福大家，但是要我把一杯水推銷給沙漠中快渴死的人，就沒辦法了。」只要對工作有熱情，就有辦法克服障礙。

其他會帶給共感人壓力的職業生涯道路，包括公關、政治、管理大型團隊的主管、出庭律師。此類高壓工作需要外向人格、交際能力，以及決斷力或野心。溫柔的說話方式、敏感性格、內向人格都不太適合這類行業，因為一天下來通常要回覆數百封電子郵件、講大量的電話，對共感人來說刺激太大，可能導致焦慮症發作。幼兒園老師與托兒工作人員，必須處理哭鬧嬰幼兒帶來的混亂與噪音，同樣可能讓共感人精疲力竭。更別提擔任中學副校長了。

主流的企業世界也不太適合共感人，共感人不太能接受「我們這裡就是這樣做事」的企業心態。我自己就沒辦法，那種態度總是讓我感到沮喪，毫無商量的餘地，顯然不尊重個人需求。共感人是獨立思考者，如果工作上有令人感到不對勁的事，他們會質疑現況。共感人必須知道某個決策背後的邏輯，才有辦法接受為什麼要那樣做。此外，大量召開的團隊會議，以及爭權奪利的團隊成員，同樣會讓共感人疲憊不堪。

許多共感人偏好不需要出差的工作，這樣一來就不必忍受忙碌的機場、人群、陌生旅館，但如果不得不出差，共感人必須學著照顧自己。我一位病患經營線上課程事業，必須經常參加和工作有關的會議。她藉著一個人在房間內用晚餐，給自己喘息的時間。一位從事芳療工作的共感人，經常需要開車前往不同的城市，她告訴我：「開車時間，還有晚上待在旅館，就是我的獨處時間。我每次都在房間裡擺滿蠟燭。如果要停留較長時間，我還會買花，把旅館房間布置得像家裡一樣。」我的空服員朋友說：「我樂愛旅遊，但中間必須有些間隔，我無法一直接連旅行。此外，我必須隨身攜帶宗教符號與護身符，好隔絕飛機上的負能量。」各位的工作如果需要搭飛機，可以戴防噪耳機。一名患者表示：「我靠防噪耳機隔絕孩子的哭聲，我老是被安排坐在小孩旁邊。」（更多的旅遊小祕訣請見本書第二章。）

就算你的工作不理想，又不做不行，還是可以想辦法讓工作環境舒服一點。曾有共感人告訴我：「我是公車司機，每天被搭車民眾的能量轟炸，所以我在公車上放音樂，跟著哼唱。音樂讓我開心，還可以避免吸收乘客身上的壓力。此外，我會在心中默默祝福乘客來增加正能量。開始輪班前，我會先拿著祈禱鐘在公車裡走一遍，清空前一個班次留下的負能量。」各位可以學這位司機，拿本書描述的自救方式清除負能量，讓工作空間充滿更多正能量。

從事健康照護工作及其他助人的行業

共感人天生適合從事醫療與教學等協助他人的行業。此類工作能滿足共感人喜歡給予的天性，有機會利用敏感天賦來治癒或點通他人。我自己是精神科醫師，我有許多病患都是共感人；看到他們可以不再焦慮，卸下心防，熱愛生活，帶給我莫大的滿足感。無數從事助人工作的共感人，都有著和我一樣的感受。投身服務事業對共感人來講，是相當棒的一件事。

非常可惜的是，許多從事服務工作的共感人把自己燃燒殆盡。共感人及醫療人員有可能碰上再也無力付出愛心的問題（compassion fatigue，又譯「悲憫疲憊」、「慈悲疲倦」）。這種與壓力相關的問題，源自於付出太多、關心太多人，自己卻什麼都不剩，再也無力給予。這是怎麼回事？服務人群者給得太多，卻接收太多他人的痛苦。他們試著幫助他人時，把太多責任攬在身上，要是病患或引導的人情況未改善、變糟或是放棄，便認為是自己做得不夠好。舉例來說，我認識一位協助戒毒的輔導員，他感到輔導對象復吸是他的責任。好心腸的醫療人員可能犯的錯誤，還包括讓自己年復一年每小時都塞滿病患，卻沒藉由冥想穩住自己，或是看完一個診沒適度休息，又繼續看診。此外，他們的空閒時間依舊塞滿活動，工作之餘沒好好放鬆，為自己充電。共感人要是疏於照顧自己，很難在助人的行業待得長久，更別說要享受付出的樂趣。

一位參加我的直覺工作坊的大學生問我：「共感人是否因為過分敏感，不適合從事藝術治療？我想服務他人，但也想保護自己的能量。」我向他解釋：「共感人的敏感天賦讓他們天生適合當治療師，但如果要免於倦怠，必須每天充電，保護好自己的能量，不被病患或同事榨乾。」

以下的自我照顧法，在工作時及下班後都適合施行。你不會因為隨時吸收他人的壓力、情緒、身體症狀，而碰到無力再付出的問題。

避開倦怠與再也無力付出的訣竅

一、**給自己休息時間**：在看下一個病患之前，固定給自己五分鐘休息時間，看是要冥想或走一走。盡量不要安排毫無間斷的看診行程，否則一下子就會過勞。

二、**行程不要塞太滿**：雖然有的工作不允許這樣的彈性，盡量不要安排太多服務對象。很忙的話，盡量不要塞進新的約會，改排到事情較少的那一天。

三、**吃就要好好吃**：時間到了就要吃飯，記得要攝取可穩定心情的蛋白質。我在一天之中不斷補充少量蛋白質，保持能量與血糖穩定。記得避免攝取碳水化合物、巧克力棒、餅乾、汽水及其他含糖食物，也不要吃速食，隨便打發。你可以準備健康的零食，多喝水補充水分，或是喝綠色／抗氧化冰沙及其他有營養的飲料（請參考本書第三章，找到更多合適的食物）。

四、**營造寧靜的工作空間：**給自己一間寧靜的辦公室。如果在開放空間工作，至少要給自己一張氣氛祥和的桌子。在周圍貼上勵志標語，擺上神聖物品，或任何能帶來安寧氣氛的東西。

五、**定期深呼吸：**靠著正念深呼吸，清除自己吸收到的負能量。

六、**讓辦公室或工作空間充滿心的能量：**一天一次至多次，花幾分鐘把意念集中在位於胸腔中央位置的心輪。感受愛的能量流過全身，穩定你的心智。這麼做的時候，慈悲的能量會湧出來，充滿整個室內。如同四周撒上仙子的魔法粉塵，帶給一個地方溫暖與正能量。我多年來都利用這個方法，在辦公室營造出慈愛的氣氛。訪客進入你的空間時，會在不知不覺中放鬆，甚至微笑。

七、**在工作時設立界限：**溫和、堅決地對職場上的能量吸血鬼說「不」。不要浪費時間在那些人身上，不要讓精力被吸走。

八、**升起防護罩：**碰上壓力大的情境，或是接收到他人的情緒或症狀時，想像用白光防護罩包住自己，只讓正能量進入。這個方法適合所有的健康照護專業人員，包括推拿師、物理治療師及其他身體治療師。相關專業人員很容易因為肢體接觸而吸收到病患的痛苦。一名牙醫告訴我，他在看診時會自動升起防護罩，以免感染到病患的焦慮。防護罩並不會降低你的敏銳程度，也不會阻礙你和協助的對象連結，只不過是避免讓對方的壓力與焦慮影響你。

九、水中排毒：泡瀉鹽浴或沖澡，洗去疲憊的一天中吸進的壓力與痛苦。

十、工作之餘享受樂趣：定期給自己休閒娛樂的時間，充電一下。在大自然裡走一走，享受蟲鳴鳥叫。大自然美景可以讓你再次充滿喜悅。休閒的時候專心休閒，不要想著病患，煩惱工作上碰到的問題。

多多利用以上策略，就會比較有精力，不會一下子把自己燃燒殆盡。然後，你就會真正感受到助人的熱情與興奮感。某位共感人原本喜歡經營長者照護中心，但在倦怠邊緣徘徊，後來她開始想像防護罩，情況便有所好轉。當她不再吸收養老院揮之不去的壓力後，再度喚起工作熱情。除了以上提到的方法，各位還可以參考我為專業人士設計的有聲書課程《成為直覺療癒師》，當中有引導各位照顧自己的內容。

共感治療師

具備共感能力的心理療癒師（包括精神科醫師、心理學家、婚姻與家庭諮詢師、社工等），除了運用自己受的常規訓練，還經由直覺、同理心、靈性來協助他人，教病患聆聽直覺並留意自身能量。這些醫療從業人員本身可能是共感人、高敏感人士，或是希望進一步培養共感能力。與高敏感人士或共感治療師一起合作，好處是他們更能看見、感受或感應到病患的狀況，有助於心理治療的流程。我們這樣的醫療從業人員能夠連結直覺和靈性，有助於引導那些我們有幸治療的人士。

當我訓練健康照護人員將共感力用於治療時，會教他們利用直覺的力量——心底那個清楚提供健康與醫療指引的小小聲音。方法是讓內心平靜下來，召喚共感力，等待靈光一閃，聽見體內冒出「啊哈！」的時刻。那是身體在告訴我們一些資訊。我認為直覺是我們「最高的自我」或「靈」在說話。共感治療師不需要擁有傳統的宗教信仰（雖然有的人有），但一定要聽從直覺，感受到更高的力量流過體內——治療師可以把那個力量看成是宇宙、愛、大自然，或是任何自己直覺產生共鳴的事物。

我所訓練的健康照護人員，還要學習解讀病患的精微能量。精微能量是一種診斷與治療的工具，完全不同於我在加州大學洛杉磯分校接受的精神科醫師訓練。精神科醫師的訓練是以生物學與藥學為基礎。醫療人員若能同時結合傳統科學與直覺醫療的智慧，對病患來說是很好的事。

我是治療師，也是共感人。我準備看診前會先冥想，讓自己鎮定、專心，接著同時用理智分析與直覺聆聽病患所說的話。我把自己的問題和私人議題擺到一旁，把所有的注意力集中在病患身上。看診時，病患是我的宇宙中心。以無私的態度服務他人帶給我能量，也讓我深入聆聽直覺，不受無關的念頭干擾。

我的職責是引導病患走上正確道路，每個人有自己要走的路。他們痛苦時，我用亮光提供方向的指引。我瞭解到多數的情緒痛苦不會立刻消失，因此我尊重療癒的不同階段，不會因為自己受不了病患的痛苦，就催促他們快點好起來。帶走病患的痛苦並非我的職責，不過我也不會讓他們沉溺於痛苦之中。病患會不會成長不是我的責任，他們要自己想辦法改變與成長。我的責任是開啟成長的過程，一路上協助病患聆聽直覺的智慧。以上的指引心態讓我協助他人康復，但自己不會吸收他們的掙扎與痛苦。

以下以珍的例子介紹我如何輔導病患。珍是四十歲的室內設計師，總是愛上自戀狂，痛苦不堪，因此跑來找我。她的戀愛模式是被男友予取予求太久，之後對方就會離開她，她得花好幾個月時間，才能從失戀狀態走出來。珍想要改變這種不健康的模式。

我們第一次見面時，珍說兩週前她交了一個新男友。「葛瑞格風趣迷人，是哈佛畢業的律師。」她滔滔不絕地說著：「他太完美了，跟我以前的男朋友都不一樣，他會聽我說話。」葛瑞格的一切讓珍目眩神迷。我很替她高興，但我也知道人在墜入情網時，很難看清對方的真面目（我有一個朋友開玩笑說，剛開始交往時，對方只是派了「代表」到你面前）。我用直覺感應葛瑞格時，直覺強烈警告我兩人的關係會讓珍痛苦，但我沒有告訴她，因為直覺告訴我講也沒用。我的工作不是預測珍的未來，而是協助她做出最理想的戀愛決定，所以我告訴珍：「太好了！但妳要多瞭解葛瑞格一點，確認他不像妳之前交往的那些自戀狂，妳最初也覺得那些男朋友很棒。妳的直覺告訴妳葛瑞格的哪些事？」珍試著聆聽自己的直覺，但只感到她深受葛瑞格的吸引，誤以為那就是命中註定的徵兆。

我的工作是輔導珍在感受到強烈性魅力時，仍要聆聽直覺，許多人常會被性魅力沖昏頭。接下來，珍痛苦萬分地和葛瑞格交往了一年。兩人交往一、兩個月後，只要珍不順著葛瑞格的意，葛瑞格就會變得冷酷無情，一生氣就冷戰。葛瑞格丟給她些許的愛，但接著立刻抽離。以上全是典型的自戀狂徵兆。這一課對珍來講十分痛苦，但也非常重要，她必須學會辨識自戀狂。不管自戀狂在蜜月期對你有多好，他們本質上缺乏同理心。此外，珍也學到要用直覺評估潛在的伴侶，努力傾聽內心的聲音，直到獲得指引，尤其是意亂情迷的時刻。

我們的治療重點是引導珍再次接觸內心的力量。她感到自己是一個有價值的人之後，就算葛瑞格一再承諾自己會改，珍終於有辦法對他說「不」。我很開心珍用自己的力量，打破行不通的戀愛模式，成功離開了葛瑞格。珍下定決心要談健康的戀愛，她所學到的事，促使她成為重視自身直覺、看清楚事情的女性。只要我們有心，每一次戀愛都能讓我們學到東西，治癒心中的傷口。

我很榮幸能在珍的黑暗時刻提供亮光。如果我吸收她的痛苦，對她、對我而言都沒好處。我清楚自己應該扮演的治療角色，不會吸進不好的能量。碰上情緒激動的治療情境，我會緩緩地呼吸，刻意穩住自己。我靜下來呼吸並設立清楚的界限，在輔導珍的時候保持最清醒的頭腦。

我有許多共感病患也是治療師，和我一樣熱愛自己的工作。一位心理師告訴我：「我喜歡全神貫注，靠直覺協助別人。有一股力量比我有智慧，我信任那股力量。」不過，身為共感治療師最大的風險，就是如果不想辦法解決感官超載的問題，一旦吸收進他人的情緒或身體病痛，我們會精疲力竭。一位精神科醫師告訴我：「我出現病患的症狀，跟著頭痛、反胃、背痛、憂鬱、憤怒、憂傷。我簡直負荷不了。」另一名患者也說：「我當心理諮商師的時候，關不掉共感能力，最後只得離職。離開後，我是快樂、健康多了，但總是覺得人生缺了一個角，因為從事心理治療工作是我的天命。」

此外，共感治療人員有可能因為工作環境而感官超載。有一次，和我同一間辦公室的同事突然感到焦慮、疲憊。我們發現我的病患會坐在他的椅子上，於是他吸收了那把椅子累積的壓力。他問我能不能請病患坐別張椅子。我完全瞭解他的為難，立刻照做。在那之後，他在辦公室時感到比較鎮定，也比較自在。

共感人要如何追尋治療、照護的天命，但又不會生病、疲憊，接收病患的症狀？接下來的自救法，以及本章提到的其他建議，都能協助各位穩住情緒，保持頭腦清醒。各類型的健康照護專業人員都能受益。

共感人自救法　如何停止吸收病患的情緒

- **調整自己的心態**：不要成為烈士。你的職責是引導病患，不是接收病患的痛苦，也不是幫病患解決痛苦。清楚意識到這一點後，就會更享受工作，也更能勝任。
- **找出你和病患之間三個明顯不同之處**：這個好方法可以協助各位避免在治療過後，因為感同身受而沉溺於病患的情緒與痛苦中。你可以舉出：我是女性，病患是男性；病患感到憂鬱，我沒有憂鬱；我吃素，病患吃肉。這個方法可以提醒大腦你是你，病患是病患，設下界限可避免吸收不好的氣。
- **不要試著替別人解決問題**：復原要靠自己。你可以協助病患痊癒，但他們必須自己做出必要的改變，才可能擺脫痛苦。

- **小心不要演變成共依存症**：別人會不會出現改善，不是你的責任。人們會按照自己的步調改變，而不是按照你的步調。當然，你會同情一再受苦的病患。你要盡最大的力量引導他們，但他們能否成長與克服障礙，不是你的責任。
- **你自己的問題也要解決**：我們內心尚未解決的問題，將使我們更容易吸收到相關的負能量。病患引發你的情緒時，用心留意發生了什麼事。問問自己：「這個人碰上的問題，是否也是我自己需要治療的問題？」找出是什麼事刺激到你。憂鬱？害怕被拋棄？擔心被拒絕？親密感問題？集中精神解決內心的相關問題後，就不會那麼輕易吸收到相同的症狀。各位可以參加治療師同仁組成的督導團體，或是和自己的治療師談一談工作時遇到的案例，看看是哪些事觸發了你的情緒。■

看診時，永遠穩住自己的心。不斷呼出你接收到的不適，回到自己的心。心是最厲害的療癒師，可以淨化一切。如果你在看診時情緒受到了刺激，運用防護罩及其他自救方式穩住自己。治療結束後，探討剛才是什麼事觸發你的情緒，好好地深入瞭解。身為共感療癒師的好處，就是我們自己也必須不斷成長，更瞭解如何進行心理療程。這對我們自己、對病患來說，都是好事一樁。各位在探索心靈、培養共感力時，記得多愛自己一點，抱持愛人、服務世人、自我成長的精神，享受這個覺醒的過程。

§

我希望本章帶來讓工作更美好的靈感。各位可以想辦法讓自己再度充滿活力，繼續做目前的工作，或是另覓更符合共感人需求的工作。你不需要靠職業生涯證明些什麼。選什麼工作都可以，只要能獲得滿足就行了。讓自己開心的工作，就是合適的工作。壓力大的時候，專心服務你的同事及其他你接觸的人，轉換負能量，安下心來。把難搞的對象當成來度你的菩薩，就能穩住自己，情緒也不會那麼容易受刺激。留意自身的需求，去做能滿足那些需求的工作。碰上工作壓力時，永遠要記得照顧自己，恢復元氣，偶爾放縱一下。這樣一來，不僅自己的共感心會成長，每一天也會過得愈來愈充實。

共感人誓言

我下定決心，努力吸引好的工作上門，讓自己活力充沛。工作時，我懂得保護自己的敏感天賦，好好照顧自己。工作之餘，我也懂得遊戲與休息，替自己充電。

第8章 共感人、直覺與驚人的感知能力

共感人以極度豐富、多層次的方式感知這個世界。好消息是，我們見證人生奧妙的能力會不斷增強。我們的感應能力持續覺醒、安心接受那樣的能力時，我們將學會靠直覺體驗萬事萬物的美好。

多數人直覺把自己調到接收日常生活或「真實世界」中的狹窄頻寬，「看」東西的能力只限於線性時間。然而，物質界（material plane，譯註：即一般人熟悉的「世界」）不是唯一的現實。一旦你的感知能力超越物質界，你將進入精微能量的境界，踏入違反標準物理定律、神奇的「非局部」領域（nonlocal realm，意識研究者使用的詞彙）。

有一種人，我稱之為「直覺共感人」。他們接收非局部性資訊的能力特別強。超級感官豐富他們的人生，他們能連結神聖領域，接觸神奇的共時性時刻，體驗似曾相識的感受、守護靈（spirit guide）或天使。有人相信直覺共感人是老靈魂，見證過千百年的悠悠歲月，

我從小到大都感到孤獨，因為我感知得到一些事。我必須暗示其他人顯然不知道、而且大多數時候不想知道的事。孤獨並非來自身旁沒人，而是來自無法告訴別人對自己重要的大事，或是不去提別人無法接受的事。

——精神科醫師榮格（Carl Jung）

帶著高度發達的直覺來到此生。直覺共感人不同於直覺強的高敏感人士。兩者雖然都對碰觸、氣味、聲音、燈光感受強烈，直覺共感人的感知能力超越局部的現實，接觸超脫塵世的知識。直覺共感人接收訊息的頻道完全打開，知道別人不知道的事。有的直覺共感人看得見預測未來的幻象，有的可以和動植物及其他大自然元素溝通，甚至和守護靈交流。有的直覺共感人擁有強大的做夢能力，在夢中接收到指引。直覺共感人可以接觸到人類意識神祕、非局部的面向，主流科學尚不瞭解那是怎麼一回事。

共感人一定得學習明智地運用直覺的天賦，穩住心神。有時直覺體驗令人感到太脫離現實，使我們喘不過氣。本章的自救法將協助各位定心，以健康的方式整合你看見與感受到的事。

我當精神科醫師的期間，我的直覺共感能力令我感到恐懼，但同時也是好事。我因此能深入瞭解病患，一下子就「讀懂」他們，獲知周遭環境中的其他面向。此外，我很喜歡做夢，藉由夢境的指引過生活。和大自然及風、火、水、土等元素溝通，也讓我的心靈深深感到滋潤。我感受到它們的美，也感受到它們在我體內活躍，那是一種令人振奮的感覺。

我小時候害怕自己的直覺共感能力。我當時甚至不知道自己經歷的事其實有名字。我除了能夠感受到人們周圍的能量，也能預測疾病、地震及其他災害，這令我感到不安。我九歲時預測過深愛的祖父會突然過世。他過世的前一晚，我夢見他來說再見，告訴我：「我非常愛妳，不用替我擔心，我很好。」我醒來時是凌晨三點，我衝進父母的房間，告訴他們我夢到的事。母親微笑地安慰我：「親愛的，那只是一個噩夢。」她幫我蓋好被子，要我繼續睡。然而，電話在早餐時響起，我們接到了噩耗：祖父因為心臟病發作突然過世。

我的父母不把我的夢當一回事，認為那只是「詭異的巧合」，但我因此感到祖父的死和自己有關，是我有問題。我當時的結論並不正確，但也沒有人能告訴我究竟是怎麼回事。我多年來感到孤單，試圖理解那次的顯靈事件，以及我接收到的其他直覺。我感到極度焦慮、羞愧、困惑。我好孤單，沒人能向我保證我沒問題。從那時起，我在精神科醫師榮格自述的幼年時光中找到慰藉。

各位看了我的成長背景，應該能瞭解為什麼我很開心能以健康的方式，解釋共感人會遭遇到的事。你並未造成你預測到的事，你一點問題也沒有。你的敏感天賦不過是讓你以違反邏輯的方式得知一些事情，許多人只見到狹隘的可能性。直覺共感人的能力是天生而美好的、充滿驚奇，可以讓你與所有的生命連結。

直覺共感人的類型

在我觀察病患與工作坊成員之後，發現直覺共感人可分成以下幾種類型。各位可以看看是否符合自己的情形，你可能是一種或多種直覺共感人。有的人一開始只是其中一種，多加練習後，也開發出其他類型的特質。各位在瞭解相關能力時，請試著放棄「這不可能」的成見。不論你是否認為直覺來自潛意識、高我、天使、守護靈或其他善的力量，探索自己的高敏感天賦時，請保持開放的態度與玩心。直覺可以促進你與自己、他人及宇宙之間神聖的連結。

心電感應共感人

心電感應共感人直覺就能讀到別人當下發生的事，即便對方並未說出自己的念頭與感受。他們會接收到親朋好友、同事、客戶，甚至是陌生人腦中的畫面、印象、念頭、心中的感受。

心電感應共感人碰上的現象，包括突然想起某個好友，接著電話鈴聲響起，結果就是那個朋友打來的。或是，雖然女兒人在千里之外，你感到女兒病了──後來得知當時她的確身體不舒服。也或者，你突然感到一股正能量湧過全身，接著得知你拿到那份你很想要的新工作。

我們如何能分辨某個直覺是真的，而不是在投射自己的情緒與問題？方法是留意你接收到的資訊是中性或是激烈的情緒。如果某個直覺閃過時，你出現強烈的反應，或是剛好和你最近碰上的問題有關，那很可能只是你的投射而已。要清楚地分辨，你必須是一個很瞭解自己的人。舉例來說，如果你內心的傷口是害怕被拋棄，你又一直感到某個朋友或另一半即將拋棄你，你大概只是把自己的恐懼投射到朋友和伴侶身上而已。然而，如果你心中突然閃過一個不帶情緒的聲音，覺得某個同事打算離職，這個預感比較可能成真。你接下來可能會感到難過，因為你不希望對方走，但資訊最初傳到腦中時，你並未感受到情緒的衝擊。

心電感應共感能力有可能讓你精疲力竭。某位每週要解讀數百通心靈熱線電話的工作坊成員告訴我：「我要解讀的人實在是太多，太累人。我運用了接地的技巧，但還是精疲力竭，資訊太多，淨化不完。」這位共感人的情況很特殊，但各位也可能在日常生活中碰到心電感應超載的問題。直覺來自許多方向：你會在雜貨店或街上感應到陌生人的事，也會感應到關於同事與親朋好友的訊息。你可能並未刻意接收那些資訊，但直覺依然自行冒出來。為了避免直覺超載，記得穩住自己、做好屏障，好好運用本章介紹的自救法。

心電感應共感人接收到的資訊，讓你更能看穿人情世故，多一份慈悲心。有機會的話，你可以協助他人。能夠強烈感應到他人的想法與感受是一份禮物，永遠要以崇敬的心看待這份禮物。

預知共感人

預知共感人通常在清醒時或睡夢中預知未來。預感有可能是突然冒出來，也可能是刻意探知——這是一種熟能生巧的能力。你接受到的預兆可能跟某個人的健康、人際關係、職業生涯或其他議題有關，例如你可能搶在所有人之前，預先知道某個朋友生病、過世、結婚、被大學錄取。預知共感人從非局部的領域接收到這種訊息；這種訊息並不來自線性的世界。

有的神祕主義者稱這種非局部集體資訊的儲藏所為「阿卡西紀錄」（Akashic Records，又譯阿卡夏紀錄、阿克夏紀錄、阿卡莎紀錄）。阿卡西紀錄包含人類過去、現在、未來所有的歷史。預知共感人有辦法超越線性現實，取得這種知識。舊約、新約及許多文化的神話中，都提過這樣的紀錄。此種靈魂白板的概念可以回溯至古老的亞述、巴比倫、印度、腓尼基文化，還有希伯來人。

預知共感人必須審慎運用自己的預知能力。你有時可以提出警告，告訴人們他們將碰上壓力大或危險的情境，要特別小心或避開。如果是開心的事，像是有人懷孕了，你可以用輕鬆的語氣告訴那對夫妻：「我的直覺告訴我，你們很快就會迎接孩子的到來。」要注意的是，你接收到的未來資訊只是有可能發生，永遠可能預測錯誤，因為多數的未來還是會變動。別把自己當成無所不知的神通人士。

此外，各位要明白，你通常無法改變自己感應到的事，有時你不該向當事人透露自己接收到的訊息。要如何決定該不該告知對方？答案永遠要看說出來對那個人是否有益。詢問你的直覺：「這個資訊適合分享嗎？這個人知道了，會有幫助嗎？」接著聆聽直覺回答「會」或「不會」，遵從直覺的引導。如果不確定的話，先放在心底就好，直到你感受到更強烈的訊息。平日若接收到關於病患的直覺訊息，我大概會分享一半。有的我永遠不會說出來，因為我覺得對病患沒幫助。至於其他直覺，則等到時機對了才講出來。分享直覺需要技巧，你可能是好心，但你會嚇到人。此外，分享直覺的動機如果只是想要滿足自尊，希望別人知道你天賦異稟，也不會有好結果。永遠要把別人的幸福當成最優先的事。要謹慎運用直

> 有的共感人擁有非常強的直覺，也看得到指引人生的幻象。
>
> ——茱迪斯．歐洛芙醫學博士

覺天賦，一定得懂得節制與謙卑。

預知共感人對於自己的天賦有諸多誤解。你或許感到是自己造成了預知的事，或是以為自己有責任阻止那些事發生，尤其是死亡事件。這些都不對。只是對沒受過訓練的預知共感人來講，高度負面的事件與情緒會發送較強烈的訊號，比快樂的事更容易感知到。多加練習之後，就有辦法接收各式各樣的訊號。

夢境共感人

夢境共感人經常夢見鮮明的夢境，醒來後也還會記得。這種現象通常從小時候就開始了。各位如果是夢境共感人，你會受夢鄉的吸引，每晚都期待入睡。夢是一種強大的直覺形式，可以跳過自我（ego）與線性心智，提供明確的直覺資訊，還有療癒、靈性、克服負面情緒等方面的引導（噩夢有時也具備療癒功能），讓你明白如何協助自己與他人。

此外，你的夢境有可能是心電感應或預感，同時傳遞關於現在和未來的資訊。一位病患告訴我：「我夢過隔天的頭條，從女演員獲獎到飛車槍戰都有。」此外，你和別人說話時，眼前可能閃過這個人自己的夢境。由於共感人與夢境高度同步，比別人更能接收到夢界的資訊。

各位可能和某些夢境共感人一樣，擁有守護靈。守護靈會在睡夢中與你溝通，以各種形態出現，包括動物、人、靈體、天使、慈愛的聲音。它們可以告訴你如何克服障礙、達成目標，或是過更注重精神面的祥和生活。不是每個人都擁有專屬的守護靈；如果你有，一定要好好聆聽。它們提供的資訊有用而無私，絕不會傷害你或他人。

夢境共感人能在睡夢期間遊歷其他空間。我自己從小就是夢境共感人，做夢時比清醒時還要安心。我每天只能待在物質世界一定的時間，接著就必須進入神聖的夢鄉，接受夢的滋養。

各位如果是夢境共感人，夢的能力是可以培養的。你可以記錄夢境日記，每天早上寫下你的夢。醒來時，在半夢半醒之間，靜靜待上幾分鐘，記錄所有還記得的夢境片段，接下來在一天之中，冥想夢境的意義。各位可以參考我的《讓情緒自由》一書，書中詳細解釋如何記住並解釋夢境。此外，也可以養成習慣，在入睡前問自己一個問題，例如：「我的職業生涯道路該朝哪個方向走？」「這場戀愛適合我嗎？」早上醒來，看看夢境提供的答案能否用在這些提問。定期記住夢境、從夢境中學習，讓你更深入瞭解自己與他人。各位也可以運用薩滿的「清醒做夢」（lucid dreaming）技巧。我們處於清醒做夢狀態時，會知道自己在做夢，有辦法觀察夢境，引導夢的走向。

我認為只要運用以上所有的方法，睡夢修煉（dreamwork）其實是一種敏感人士的靈修技巧，可以向自己的直覺、靈性及其他向度的現實致敬。

通靈共感人

通靈共感人能夠和人、動物或另一個世界的靈溝通，擁有跨越鴻溝的特殊天賦，連結此生與來世。

通靈是指和物質界以外的事物產生共鳴，穿越分隔著「此處」與「彼處」的一般界限。通靈共感人是一種溝通管道，他們有辦法暫時把理智與自我放在一旁，允許直覺的訊息透過他們送出來。通靈共感人扮演的角色就像電話線。如果各位發覺自己是通靈共感人，經由練習，或是在經驗豐富的導師適當的引導下，通靈是一種可以培養的能力。

不論是和別人去世的叔叔，或是死去的可愛貴賓狗溝通，訊息通常很類似。在彼岸的他們通常想讓我們知道他們過得很好，他們的魂魄在那裡有更多事要做，而他們愛我們。某位英格蘭靈媒告訴我：「妳在來世的朋友比今生多。」我大笑，他說得沒錯。某些靈媒是天使的溝通管道，例如聖經中的米迦勒天使（Archangel Michael）是靈魂的保護者與信仰灌輸者。我見過靈媒是如何安慰處於哀悼期的人士。雖然現代科學不瞭解也不接受靈媒，但歷史上世界各地一直都有靈媒。有的靈媒是騙子，不過似乎也有可信者。

各位如果是通靈共感人，你可以與另一個世界溝通。首先，在冥想狀態打開你的心，愛可以穿越所有界限，只要有愛，宇宙各地都會聽見你。接下來，想著你想找的人，在心中要求和他們對話，讓自己接收聽覺、視覺或其他種類的訊息。整個過程其實和與人溝通沒有兩樣，只不過這次你要溝通的對象是純粹的能量。我有時會冥想去世的父母，與他們深入連結。那樣的體驗能夠撫慰我，讓我們雙方更靠近，父母有時會提供指引。

然而，通靈能力和其他直覺體驗一樣，有時令人承受不了。敏感的小孩與未經訓練的大人，有時會在無意中和另一個世界溝通，因而感到害怕或失控。那種情況就像經典電影《第六感生死戀》（Ghost）中琥碧・戈柏（Whoopi Goldberg）飾演的爆笑靈媒奧德美（Oda Mae Brown），一堆鬼魂搶著要她傳遞訊息給親友，搞得她應接不暇！

為了保持身心鎮定，通靈共感人一定得做前文提過的接地與防護罩練習。此外，記得你有權對不想要的任何事說「不」。你需要與人世間的人設下界限，和另一個世界的靈也一樣。一旦把通靈能力視為擁有共感力與強大直覺帶來的自然結果，你就會更放心地設立界限，好好運用照顧自己的技巧。如果要保持健康的關係，一定得這麼做。

植物共感人

植物共感人天生受植物、花草、樹木吸引，直覺就能感應到植物的需求，與植物的靈溝通。植物共感人能夠感知植物是否健康，也知道如何治癒生病的植物。

各位如果是植物共感人，植物會對你說話，你也聽得見植物。你想走進大自然，親近森林、山脈、有水的地方。在你小時候，樹木與植物是陪伴你的好友。碰上問題時，你請植物引導你。心情不好時，你會向植物尋求安慰。我自己在成長過程中就是那樣。植物共感人光是走近一棵樹，就會感到心安。你喜歡碰觸植物、爬樹、擁抱植物，路過認識的植物也會打招呼。

植物共感人通常有綠手指，花花草草在你身邊都長得很好。植物感受到你有辦法和它們溝通，這種雙向關係會讓植物回應你的碰觸，和你打招呼。這也是為什麼許多植物共感人喜愛園藝，從事農耕、園藝、植物學、庭園設計、景觀設計、插花等行業，或是替林業局工作。植物共感人必須親近植物與大自然的世界，才有辦法感到健康、快樂。

植物共感人也能成為療癒師，如中醫師或草藥師。有的植物共感人運用花療法。花療法是英國醫師愛德華・巴哈（Edward Bach）研發的順勢療法（homeopathy），利用蒸餾的花精治療各式疾病。古時候的人與大自然和諧共存，認為植物有感知能力與靈性。古今的部落巫師與巫醫是植物與靈界的訊息傳遞人。他們聽得見植物唱出的美妙歌聲，利用草藥治療人們。

各位如果認為自己是植物共感人，你有辦法接收到植物的引導，感覺到植物的神聖性。你可以藉由凝視一朵花或一棵樹接收到訊息，薩滿稱這個技巧為「凝視法」（gazing）。你可以在一株植物旁冥想，問那株植物任何問題，靠直覺接收答案。植物可以引導個人，做靈性的引導，傳遞協助他人與這個世界的訊息。植物充滿愛心，樂於助人。

植物共感人會碰上的挑戰是感受到綠色生物的痛苦，曉得植物受傷或正在死去。人類破壞森林時，你感受到森林的痛苦。植物受傷時，你的身體跟著痛。舒緩這類疼痛的方法是接納這些身心感受，呼出體內不舒服的感覺，不斷發送愛與祝福給全世界的植物。

地球共感人

地球共感人的身體能感應到地球的變化，從感官與能量兩方面，感受到暴風雨的威力、月亮的慈愛、太陽的溫暖。如果你是地球共感人，地球發生的事與你的身體密切連結。美麗健康的地球會滋養你、支撐你。海洋與潮汐影響著每一個人，但你的感受尤其深刻。你對氣候及日光的變化特別敏感。地球共感人容易得到「季節性情緒失調」，在冬天或日照短、天色昏暗的日子陷入沮喪。

地球共感人感到地球、風火水土、宇宙就像自己的家人。月亮與星辰向來陪伴著我。我工作坊的一位女性告訴我，她喜歡的夜生活是凝望遠方的酒吧與夜店。我從小仰望天空，感到自己真正的家在那裡。我發現，和我一樣的共感人很難適應生活在這個星球上，我們必須連結地球的能量，才能自在地活在這個身體裡。這也是我們治癒自己的方式。

各位若是地球共感人，你的身體與地球緊密連結。你感受得到地球是多麼愛護我們。你能感同身受地球的變化，彷彿那些變化發生在你身上一般。那就是為什麼地球遭受破壞時，你也會覺得自己受傷、焦慮、健康出問題。地球開心，你也開心。地球遭受苦難，你也跟著受苦。

地球共感人通常會感應到自然災害的預兆，在災害發生的當下，身體也會出現強烈的感受。一位病患告訴我：「我經常在地震前醒來，接著『砰』的一聲天搖地動。」另一位病患表示：「地震或火山爆發前，我的身體會開始震動，搖搖晃晃，好像腳踩的不是結實地面。」另一位病患告訴我：「上次發生海嘯時，我從熟睡中驚醒，心中非常害怕。」一位共感朋友表示，某次嚴重的漏油事件發生時，她感覺自己內出血。地球共感人要留意地球發生劇烈的變化時，身體出現的反應，好瞭解那些感受是怎麼回事，下回發生時好好照顧自己。

地球共感人還可能對太陽閃焰（solar flares，譯註：太陽突然釋放大量能量的閃光現象）敏感。太陽磁暴不僅會影響地球周圍的磁場，對我們身體周圍的磁場也有所影響。劇烈的太陽活動似乎會引發地震、火山爆發、颶風、龍捲風，你會感到頭疼、情緒波動、焦慮、心悸。研究顯示，閃焰與憂鬱、焦慮、自殺、雙極性情感疾患（bipolar disorder）增加有關。[1]全球各地發生的革命、暴動、動亂，也與太陽閃焰相關。別忘了太陽支撐著地球上的生命，因此太陽產生變化時，九千三百萬哩外的我們也感受得到。共感人的體驗尤其強烈。

保持活力、增強共感力的方法，就是經常與地球連結。待在森林裡、海邊、山上，都能幫助你和地球的元素交流，有如回到家一樣。若要深化你與地球的連結，記得攝取潔淨、健康、有機的食物，自己種的食物最好。垃圾食物會讓我們無法與地球連結，因為並未吸收到地球的能量。此外，記得常常接收地氣，最好平躺在地上，吸收大地的力量與正能量，其他方式包括：赤腳走在草地上、踩水或是在海洋、河流、湖泊中游泳、凝望星辰。

用心與地球交流的方法是問地球：「你好嗎？」接著打開你的心，用直覺接收答案。你也可以問關於自己或他人的問題，請地球提供預言。大地之母會透過你的直覺回答；若真的接收到大地的指示，請好好遵從。

原住民的傳統是敬畏大地之母，照顧大地。大自然提供治療人類的力量。盡全力珍惜我們寶貴的地球，就能撫慰自己的身心。保護地球是我們的目標，也是地球共感人感到快樂、健康、身心完整的重要途徑。

動物共感人

動物共感人的特殊能力是聽動物說話、和動物溝通，甚至可能是「馬語者」或「狗語者」（horse whisperer, dog whisperer，譯註：能夠瞭解動物的一舉一動以及內心想法的訓練師）。動物憂心、沮喪、寂寞、不安時，動物共感人都感覺得到。動物共感人瞭解動物的感受之後，有辦法協助牠們解決情緒問題。動物共感人似乎不管走到哪裡，都會吸引到動物，動物喜歡有你在。你可能因此在動物收容所工作、支持動物權益、當獸醫，或是用其他方式協助動物。

動物共感人又稱「動物溝通師」，史上不乏知名的動物共感人，如動物的守護聖者「亞西西的方濟各」（Saint Francis of Assisi）能和「兄弟姐妹」對話，包括兔子、小鹿、魚兒，著名事蹟是他馴服過一頭狼。在宗教藝術作品中，方濟各身旁總是圍繞著各式動物。他經常一個人獨自靜修，身邊只有動物陪伴，這正是內向共感人的典型現象。此外，方濟各最著名的事蹟是對鳥兒講道，他說過：「我們有一個崇高的任務——在動物有需要時服務動物。」

動物共感人知道，動物和人類高度共感。動物能感受到我們的情緒與心意，像是你家的貓狗感受得到你的悲傷與痛苦，還會用無條件的愛撫慰你。此外，由於你能高度感應到動物的感受，你有辦法以直覺接收動物的引導，像是遇險時牠們會警告你，或是帶來幸福的預兆。原住民認為動物能聽見人類的心聲。各位也可能聽到動物的心聲，知道牠們需要什麼並回應牠們。動物共感人致力於提升動物的福祉。

動物圖騰的力量

直覺共感人受惠於動物帶來的智慧與保護（其實所有類型的敏感人士都一樣）。北美文化的動物圖騰概念認為，不同的動物表達了不同的療癒之道。一旦你意識到動物要告訴你的事，就能在生活中做出相對應的改變。比如說，海豚代表寧靜、和諧、遊戲，要是看到一群海豚，這是一個徵兆，要你展現內心的相關特質。蜘蛛代表創意，螞蟻代表耐性與不屈不撓。如果你面前一直出現某種動物，你要聆聽那個動物傳達的訊息。

薩滿認為在充滿壓力或危險的情境中，動物是我們的盟友。動物是共感人的寶貴資源，我建議各位做以下的冥想，召喚美洲豹的力量來保護你。我平日需要額外的保護時會這麼做，尤其是一下子冒出太多負能量的時刻。美洲豹是耐性十足的強大守護者，可以趕跑消耗元氣的吸血鬼與負能量。

共感人自救法　美洲豹冥想

找一個不會被打擾的安靜環境，以舒服的姿勢坐下，深呼吸數次，凝神，釋放壓力。在鎮定的狀態下，從心底深處召喚美洲豹的靈，請牠保護你。感受美洲豹的靈進入內心，想像這頭美麗強大的生物巡視你的能量場，將之包圍，保護著你，逐出所有的入侵者與負面力量。想像那頭美洲豹的模樣，牠有著美麗、忠心、慈愛的雙眼，全身毛皮亮麗有光澤，以優雅的姿態果斷踏出每一步。牠看護著你的四周，讓你感到安心。

結束冥想時，對著內心的美洲豹說謝謝。曉得自己有需要的話，隨時可以召喚牠，感受牠的力量。緩緩睜開眼睛，引導自己回到當下的時空，完全回到自己體內，留心關注四周的環境。

除了以上的美洲豹冥想，各位也可以實驗一下，利用你有感應的動物做類似的冥想。■

直覺共感人愈是打開心胸，就愈可能接收到來自非線性空間的景象與引導。這種資訊將豐富你自己以及你協助對象的人生。有的直覺共感人會碰上天使降臨，得益於天使的神聖介入。如果你感到這符合你的情況，可以養成召喚天使的習慣，請天使引導你、保護你。這樣的連結可以幫助你在感應不同宇宙時，獲得安全感，並享受優游的樂趣。

保護自己，避免直覺超載

如同共感人會在日常生活中碰上感官超載的問題，來自其他世界的資訊，也可能過量，讓直覺共感人承受不住。基本上，共感人的感知能力過度活躍，根本關不掉。我們會發生什麼現象？不論走到哪裡，都被直覺資訊轟炸。大量的能量不斷衝擊我們，讓我們感到疲憊。當我們夢見精確度高到駭人的夢境與預兆，卻無力改變結果，難免感受到壓力。

為了避免接收到過度的衝擊，我們必須穩住自己的步調。以下的方法可以協助各位凝神。

共感人自救法　避免直覺超載的訣竅

- **與內心的聲音對話**：你永遠可以請內心的聲音慢下，休息一會，找出比較舒服的韻律。直覺不一定是憑空出現，你也可以主動尋求與直覺連結。
- **培養「靜觀」（witness）的狀態**：各位有感應的時候，試著保持中立的態度。很多時候，共感人只扮演靜觀者的角色——古時候的先知明白，靜觀是一種神聖的任務。各位可能感到困惑：為什麼要讓我感知到死亡、疾病或其他痛苦的情境？如果我阻止不了，預先知道又能怎樣呢？記住，**觀看本身就能帶來光**。有時事情不該由你插手，你也沒有能力介入，但碰上那樣的狀況時，你可以替人們高舉著光，為人們送上祝福。這是一項神聖任務，以神奇的方式支撐人們的心靈。
- **別人的業，不是你的責任**：隨時提醒自己，每個人都有自己的路要走。你直覺感應到的事，不代表就是你的責任。那是不必要的責任感。

- **想像亮光**：想像自己頭上的頂輪發出神聖白光，黑暗從腳底下流走。讓正能量在體內流通，釋放有害能量，就不會有超載的問題。■

對自己的直覺產生自信後，比較不會感到無所適從。除了以上提到的方法，我建議可以一併運用第五章的自救法，解決直覺層面的共依存症問題，幫助自己專注，保持心境澄明，再度充滿力量。身為直覺共感人的奇妙之處，在於你有辦法探索非線性的世界。你的特殊感應能力愈強，就愈能深入探索意識的許多層面。

每當我們運用直覺，等於身處神聖的時間，跳出線性的現實。古希臘人有兩種時間概念，一種是「柯羅諾斯」（Chronos），指的是時鐘的時間，以秒、分鐘、小時、月、年等單位來計算。歷史上，柯羅諾斯主要以「時間老人」（Father Time）的形象出現：一個彎腰駝背、留著長鬍鬚的疲憊老人，手裡拿著鐮刀與沙漏，外貌和死神雷同。柯羅諾斯通常被視為充滿衝突、麻煩不斷的世界。

「卡俄茹斯」（Kairos）則是指神聖的時間，是機運可能降臨的正確時機或黃金時刻。卡俄茹斯是沒有順序的無限狀態，超乎線性時空。英文的相關形容包含「處於心流狀態的專注時間」（being in the zone）。「共時性」（synchronicity）就發生在卡俄茹斯中，也是完美時機的領域。「似曾相識」（déjà vu，在線性時間中沒去過的地方、沒見過的人，卻有一股熟悉感）也發生在卡俄茹斯之中。卡俄茹斯是神奇的永恆時光與神祕智慧的所在地，無法利用實體的地圖前往，但可以透過直覺抵達。卡俄茹斯是直覺共感人的宇宙。當你開發自己的能力之後，各種直覺體驗將變得更自然、更自在。

共感人誓言

我尊重自己的直覺，聆聽自己的夢境，不質疑內心的聲音。我會在直覺與人生的其他面向找到平衡，完整展現自己的敏感天賦，當一個完整的人。

第9章 共感人的天賦

共感人走過的歷程是一生的探險。敏感人士有眾多值得感恩的事，有辦法體驗強烈的熱情與喜悅，看穿事物的本質，欣賞美、詩歌、生命的能量，你的同情心讓你有能力協助他人。你永遠不會冷漠無情、麻木不仁，你的敏感天性促使你關懷他人，感受世上的苦難，觀照著世界。

共感人和大自然之間有著一種特殊的關係，花鳥蟲魚、樹木、雲朵都是你的朋友。荒原的寧靜、沙漠的寂靜、紅岩峽谷與森林的遼闊、海洋的廣大無邊，在在吸引著你。你在滿月下跳舞，身體感受到月神的慈愛，懂得天人合一，希望保護地球，保存大地之母的寶貴資源。

共感人有能力用正向的方式改變自己、改變家人、改變世界。我行醫時，見到共感人經常「被選中」，負責打破家中的世代糾葛。共感人不一定是自願扮演這個角色，但這是他們的命運。只要共感人治癒自己、接受自己的敏感天賦，就能向親人間不斷重複的虐待、缺愛、成癮等行為模式說「不」。於是，世世代代一直輪迴的痛苦，在共感人身上停止。共感人站出來勇於接受自己的天賦後，將修補整個家族的傷痛。意識到問題的人，最有能力帶來有效的改變。

朝著光明前進

地球不是一顆已開化的星球。地球充滿無窮的喜悅，但也充斥無窮的苦難。共感人的任務是利用敏感天賦促進世上的善，讓天平傾向光明的那一端。共感人必須成為光的戰士，別讓黑暗嚇到自己。請相信悲憫的力量。我們需要你來提振世界的能量震動。男女老幼如果身旁圍繞著強大、慈愛、細膩的能量，就會變得更好。你可以帶來那樣的能量。唯一妨礙你發光發熱的阻礙是恐懼。共感人的任務是逐漸克服自己的恐懼，不再讓恐懼阻擋我們走向光明。各位在克服恐懼的同時，別忘了自己並不孤單，你身旁有天使，以及保護你的能量。

共感人既脆弱又強壯，代表新型的領導。共感人有能力對人道關懷產生重大的影響，促進人與人之間的理解，帶領個人與全球走向和平的生活。然而，唯有帶領革命的人以身作則，進行內在的情緒與靈魂修煉，重大轉變才可能持久。然後，政治、社會、環境等各領域，才可能出現我們需要的正面轉變。共感人的共感能力可以帶領一場慈悲的革命，拯救世界。

生態保育人士大衛・奧爾（David Orr）講過我個人很喜歡的一段話：「這個世界不需要更多『成功的人』。地球迫切需要更多帶來和平的人、治癒身心的人、修補的人、說故事的人、熱愛萬物的人。這個世界需要讓人們安居樂業，需要有道德勇氣的人一起奮戰，讓地球變得適宜居住，散發人性光輝。以上種種特質，與我們的文化所定義的『成功』關聯不大。」

共感人是帶來轉變的關鍵。感性是通往非暴力的道路。只要我們持續開啟敏感天賦，定下心發揮力量，我們是治癒者、修復者、預言者，我們熱愛這個世界。我們不必害怕真正的自己。我建議各位行善。只要努力修善，其餘的自然會水到渠成。致力「從善」這個目標將是關鍵，因為這個世界正在加速。神祕主義者認為這種時間上的加速，將帶來地球上「光明vs.黑暗」的清算之戰。我們需要站穩慈愛的立場。你的力量愈強大，就愈能帶來這個世界需要的改變。

感謝自己的共感天賦

各位在一生之中，請不斷找出共感力可以如何造福自己、他人及人類整體。接下來的練習，將協助各位記住共感力發揮作用的實例，也是向自己的天賦「道謝」的方式。

反思練習　擁抱你的共感力

一天之中，隨時運用共感力，益處良多。各位可以回想一下共感力帶來的好處。

- 回想你有辦法體會另一半的痛苦，靠強大的愛協助對方。
- 回想自己藉由聆聽直覺，**得知**最佳選擇。因為聆聽內在的聲音，你選對了工作、交往對象或老師。
- 回想自己彷徨無依的時刻。在那樣的時刻，與其貶低自己，陷入恐懼，你同理並疼惜自己。這種充滿慈愛的心態，助你走過恐懼期。
- 回想曾有朋友經歷痛苦的分手，而你用愛協助朋友走過傷痛。

- 回想自己曾以父母、老師、照護者的身分，鼓勵孩子發揮敏感天賦，而不是引以為恥。你很開心能以這樣的方式讓孩子更幸福。

社群的力量

各位除了全心擁抱自己的天賦，我也建議「物以類聚」，找到和你一樣的人。敏銳的靈魂天生會「一起共感」。身旁如果圍繞著其他正面的高敏感人士，我們的能力會以美好的方式增強。團結就是力量。

我鼓勵各位在社區裡組成共感支持團體，每個成員的天賦都會因此加強，相互理解。成員數可以少數幾人，也可以是大社群。社群的好處在於成員可以彼此協助。敏感的靈魂就算只被一個人「看到」，也能帶來極大的撫慰。此外，社群也能讓我們從健康的觀點，處理自己的敏感性格。共感人一般都嚴肅地看待自己，因為生活壓得人喘不過氣。然而，這種心態只會平添壓力。資深共感人已經走過這條路，學會了應對技巧，能夠教正在覺醒的共感人如何放輕鬆，以巧妙的方式解決困境，不必把自己壓垮。我們感官超載時，支持團體可以協助我們排出負能量，穩住自己。進一步的細節可以參考本書最後的〈成立社群：建立自己的共感支持團體〉一章。

通往內在平靜的道路

各位在自己的成長過程中，要記住自我接納、內在平靜、靈性成長不是一蹴可幾的事。我們會一直回到自以為已經痊癒的問題，但這一次我們會發現更深刻的事實，進一步認識自己。因此成長對我來說，是一條令人興奮的道路。我渴望靠近光明，不斷深入探索生命。我感受到愛，以迂迴的方式朝著光明前進。共感人擁抱深度。雖然自我覺察通常會把我們拉出舒適圈，有時也會帶來痛苦，但我們將更能發光，充滿慈悲心，與靈性連結。這是人類最寶貴的境界。每天早上醒來時，我都會在內心請求再次進入靈與心的領域，知道自己處於宇宙的正確位置，然後再展開一天。

雖然我在日常生活中通常孤身一人，但是我知道自己屬於一個致力追求真理、美、正義的隱形團體，因此我不會感到孤單。

——愛因斯坦

各位運用本書的自救法之後，將克服敏感性格帶來的挑戰，享受人生旅程。回想一下自從翻開本書的第一頁後，自己產生的變化。請留意你全心接納自己是共感人後，生活與人際關係出現的改善。每一次你聽從直覺、堅定說出自己的需求、在混亂中穩住自己，請恭喜自己有所進步。你要恭喜自己不再否定自身的感受，只為了讓別人開心。你要恭喜自己，有能力在今天愛美好的自己，沒有自我懷疑，也沒有內在衝突。對自己的進展抱持感恩的心，小小的一步也是寶貴的一步。各位不必擔心自己又回到原本的樣子，所有人偶爾都會退回原點。不論發生什麼事，記得善待自己。

共感人是反抗文化的革命家，你讓**人類**再次充滿**人性**。我為開創道路的各位鼓掌，你們勇於走一條不同的路，有勇氣面對自己，說出自己真實的需求。儘管這個世界有著種種的不完美，你們卻沒有放棄這個世界。

我們都是共感家族的一分子，敏感天賦和心把我們連在一起。我們要借重彼此的力量與慈愛，知道世上有人和我們一樣，瞭解無論我們人在世上哪個角落，都會在心中彼此相助，安心走下去。儘管我們不曾謀面，但我把所有的祝福送給各位，謝謝你們勇敢做自己。

在本書末了，我獻上最後一段共感人誓言給各位，在共感旅途上，勿忘一遍遍感恩自己擁有敏感這份天賦。

共感人誓言

我會珍惜自己，發誓讓生命中充滿珍惜我的人。我會利用敏感的天賦，讓自己的生活、讓這個世界更美好。我很感謝能踏上這場共感人的成長旅程。

共感人自救法

快速參考指南

各位感到疲憊不堪、壓力排山倒海而來時，可以翻閱本章提供的自救法，從中挑選一個方法。照顧自己的關鍵是一出現感官超載的跡象，或是開始吸收到他人的負能量與壓力，立刻有所警覺。愈快減少刺激，愈早專注凝神，就愈能保護自己，維持穩定的情緒。

此外，各位可以錄下本書介紹的各種想像法與冥想法，念出文字指示，中間加上適當的停頓。準備好冥想時播放，聽從指示放鬆。

一、共感防護罩的想像練習

防護罩是一種可以快速保護自己的方法，許多共感人靠著防護罩，隔絕有害的能量，但正能量依舊可以自由流通。各位可以隨時運用這個技巧。一旦某個人、某個地方、某個情境讓你不舒服，就升起防護罩。當你來到火車站、派對、候診室，或是碰上能量吸血鬼，只要當場感到不舒服，都可以升起防護罩。

至少預留五分鐘做這個練習。找一個可以感到心安的寧靜空間，在不受打擾的狀態下，鬆開身上衣物，找到舒服的姿勢，如盤腿坐在地上，或是在椅子上坐正。一開始先做幾次長長的深呼吸。吸氣，好好感受到氣進入體內，接著吐氣，把氣完全放掉。用身體感受呼吸，感覺自己與神聖的生命力量「普拉納」連結。

放開所有念頭，讓念頭有如飄浮空中的雲朵。回到呼吸，一遍又一遍，找到自己的核心。感受核心能量從腳趾跑遍全身，一直上升至頭頂。專注於這個感受，能幫助你繼續安定身心。

一邊呼吸，一邊想像一道美麗的白光或粉紅光防護罩，完全罩住你的身體，並向外延伸幾公分，隔絕所有負面、帶來壓力、有毒性、不受歡迎的事物。你在防護罩的保護下，感覺自己穩如泰山、幸福快樂、充滿能量。防護罩會隔絕掉負面的事物，但同一時間，你仍然感受到正面的美好事物。請讓自己習慣有防護罩防身的感覺。每當你懷疑自己正在吸進他人的能量，就可以想像這個防護罩。在心中對著這層保護說「謝謝」。深深地吸氣、吐氣，接著緩緩睜開眼睛，回到現實世界，完全回到自己的身體。

二、接地的想像練習

每當感到超載，給自己一點安靜的獨處時間，降低受刺激的程度。利用獨處時間補充能量，可以紓解壓力。利用以下的想像練習讓心神歸位。我自己每天至少做這個練習五分鐘，也教病患這個練習。

關上門，關掉電腦與手機，以舒服的方式坐著，深呼吸，放鬆身體，感受到寧靜與祥和，壓力消失不見。什麼都不做，什麼都不必當，只要呼吸、放鬆。出現雜念時，讓念頭像雲朵一樣飄在空中，不要被牽著走，只專注於緩緩的吸氣與吐氣上。你感到寧靜，壓力離開身體。

在這個寧靜的內在空間，想像自己的身體像一棵大樹，粗大樹幹從頭部到腳趾，一路沿著身體中線向下延伸。花幾分鐘感受這棵樹的能量與活力，接著想像樹根從腳底長出來，一路深入土裡，愈長愈深，愈長愈深，帶來一股令人心安的踏實感。每當你感到焦慮或恐懼，專注於那些樹根，讓它們將你穩穩地立於大地之上。在人生的混亂時刻，這棵「內在的樹」可以提供內在的力量，賦予你被保護的安全感。

三、舒緩腎上腺疲勞的小訣竅

共感人如果要克服腎上腺疲勞，就得改變基本的生活習慣與飲食，用長期有效的方式，讓自己活力充沛。除了以下幾個訣竅，也可以參考本書各章節提到的其他策略。

- **全食飲食：**不吃加工食品及垃圾食物、麩質、糖、白麵粉。第三章有詳細資訊。
- **飲食中添加喜馬拉雅紅鹽：**少吃低品質的鹽。血壓高的讀者，一定要先請教醫生。
- **運動：**從事溫和的運動，做伸展操，培養耐力，儲備精力。
- **冥想：**冥想可以增加人體內的腦內啡。腦內啡是一種天然止痛劑，可以減少壓力荷爾蒙。
- **驗血找出皮質醇濃度：**如果皮質醇過低，可以考慮請醫師推薦暫時性的天然皮質醇替代品。
- **多多休息：**睡眠可以恢復體力，修復身體。
- **每天吃維他命B。**
- **如果處於急性期，每日攝取兩千至五千毫克的維他命C。**
- **考慮打維他命C點滴（一萬至兩萬五千毫克）：**增強你的體力與免疫力，維持腎上腺健康。全人醫療的醫師通常會提供這種療法。我感冒時則藉此增強免疫系統。

- **趕跑生活中的能量吸血鬼：**努力讓自己擺脫有毒的人，至少要設下清楚的界限，不讓他們有機會吸光你的精力。請回頭參考本書第五章。

四、三分鐘心的冥想

對抗身心不舒服的方法，就是立刻離開身旁的有毒情境，做一下三分鐘心的冥想。這個方法幾乎任何地點都適用，無論是家裡、工作地點、派對浴室，公園長凳上都可以做。

閉上眼睛，做幾次深呼吸，放鬆，將手掌放在心輪上，也就是胸口。專心想著自己喜愛的美麗景象，如日落、玫瑰、海洋、孩童的臉龐，感受愛在心中與體內湧現，讓這股愛意安撫自己。你被愛淨化之後，有毒能量就會離開。一天數次、每次只要三分鐘，觀想心中的慈悲能量，感受壓力被那股能量清除。

各位也可以把這樣的慈愛送進身體的特定區域，例如我最弱的地方是肚子。每當我感覺自己吸收別人的症狀時，我會把手擺在腹部，把慈心送進去，化解不適。各位最敏感的地方是哪裡？你的脖子？你有膀胱感染的問題嗎？頭痛？把慈心送到這些部位，將有毒的能量清除乾淨，不再滯留。

有時冥想自己的幸福不容易，冥想他人的幸福反而容易一些（同樣也能打開你的心）。

如果各位是這樣，那就觀想他人的幸福吧。

五、利用冥想，愛惜你的共感身體

你的身體是靈魂居住的殿堂，把身體當成朋友、神聖之所與接收直覺的管道，別當成敵人。接下來的冥想練習，可以協助你全然安住在身體裡，進而活在當下，享受喜樂。

找時間獨自待在一個美麗的空間。不要強迫自己的心安定下來，而是靠轉換頻道的方式。做幾次深呼吸，感受每一次的吸氣與吐氣，讓自己放慢，好好觀照身體。讓所有的負面念頭流過，回到你的呼吸，回到神聖的氣，感受氣把你帶進更深層的自我，讓你的能量深深進入體內、細胞、器官。

觀照你的腳趾，動一動腳趾，留意腳被喚醒的美好感受。接下來，觀照你的腳踝，持續吸氣、吐氣，注意力移到小腿、膝蓋。接著一路往上，觀照你強而有力的大腿，感受到大腿的堅定。在心中感謝大腿撐住你。接下來，關照你的生殖器與骨盆區。許多女性感到那一塊相當緊繃，你可以在心中說：「我知道你的重要性，我再也不會背棄你，我將學習認識你、愛你，你是我的一部分。」

現在，觀照你的肚子。你是否把緊繃、燒灼感或其他不舒服的感覺壓在那裡？腹部的脈輪是我們處理情緒的地方，以正念觀照可以撫癒這一區。好了，現在觀照胸部，也就是心輪所在地，無條件的愛的中心。讓這塊區域成為你的朋友，把愛送給自己，感受一陣正面的能量流過你的心。時常回到這裡，感受到滋養的能量。接下來，以同樣的方式觀照肩膀、手臂、手腕、美好的雙手。動一動，感覺一下每根手指，它們是心輪的延伸。

接下來，把注意力集中在頸部，溝通的脈輪在喉部。留意此處是否有任何緊繃感，導致你無法表達自己。把愛送至這一區。

再來觀照頭部，感受自己美好的臉龐、耳朵、嘴巴、眼睛、鼻子，以及位於眉心的第三隻眼。這是直覺的所在地。專注凝神時，有可能透過心靈之眼看見紫色的漩渦。最後觀照自己的頭頂。那裡是頂輪、白光的中心、你和靈連結的地方，感受這裡傳來的靈感。

準備好結束冥想時，在心中說「謝謝」，感謝回到身體的體驗。告訴自己：「我已經完全準備好當身心合一的共感人。」深呼吸數次，然後緩緩、輕輕地睜開雙眼，完全回到周遭環境，用前所未有的方式覺察自己的身體。

六、避免共感超載，以及減壓的訣竅

接下來的基本策略可以協助你處理負能量。我自己會在生活中運用這些策略，也教病患與工作坊成員使用。

- **吸薰衣草精油：**你可以塗幾滴在自己的眉心（第三眼），穩定情緒。
- **待在大自然裡。**
- **明智運用時間：**平衡獨處時間與社交時間。時間管理是我能保持鎮定的關鍵。我努力在兩次看診之間，留一點休息時間，還有個人生活也一樣，不要一天排太多事情。此外，我學著在感到超載時取消計畫。所有共感人都必須學會這件事，不要在疲憊及需要休息時，硬逼自己出門。
- **與能量吸血鬼、有毒的人劃清界限：**說「不」就夠了。你不需要為自己解釋。我絕不讓耗損我精力的人靠近我，尤其是在已經超載的時刻。
- **練習愛惜自己：**有機會就對自己好一點，沒必要苛責自己。度過辛苦的一天之後，告訴自己：「我盡我所能了。親愛的，沒關係的。」
- **每年至少獨自遠離這個世界一次：**事先計畫好休假，在大自然或寧靜的地方釋放壓力，重新調整身體的環境。我每年替敏感人士在依莎蘭學院舉辦一次週末的休憩之旅，地點是加州大索爾太平洋上方的美麗紅杉林。參加者可以在那裡慢下腳步，聆聽直覺，再次與心靈深深連結。此外，每年有幾次，我會一個人到大自然裡休息，恢復體內能量。

七、向更高的力量求援

每當你想拿起酒瓶、大吃大喝，或是再次從事其他成癮活動，停下幾分鐘。記住，克服癮頭、恐懼、焦慮的祕訣，就是從成癮的渺小自我，換檔至靈魂的力量。利用以下的練習，轉換至自身更高的力量，脫離無力承受的心境，進入更開闊的覺知狀態，不需要麻痺自己就能感到自在。

一天至少挪出五分鐘，連結自身更高的力量，暫停忙碌的生活，停止解決所有問題。找一個寧靜的空間坐下，可以是家裡、公園、大自然，甚至只要關上辦公室的門就好。坐定後深呼吸，慢慢放鬆身體。出現雜念時，想像那些念頭是空中來來去去的浮雲，不要抓著不放，回到呼吸的韻律中。

「靈」是一種能量。不論你認為「靈」是什麼，處於放鬆狀態後，在心中邀請「靈」現身。先往內在尋找，比較容易感受到「靈」。感受「靈」在自己心中，在自己體內。不要多想，感受一股愛的暖意打開你的心，接著流遍全身。感受自身更高的力量——真正感受到一股能量，享受那個感覺。不要急，不要有壓力，讓美好的感受進入全身。一旦感受過那股更高的力量，就能一遍又一遍輕易地與它再度連結。

你可以在這樣的狀態下，請「靈」提供特定協助，譬如「請協助我停止吸收惡霸主管的怒氣」、「請讓我在社交情境中不焦慮」、「請協助我的另一半理解我的敏感天賦」。效果最佳的方法，就是每次冥想只集中提一個請求就好。如此一來會讓效力增強，也更容易追蹤結果。

結束冥想時，在心中對著靈說「謝謝」，恭敬地微微欠身鞠躬，向整場體驗致意，接著緩緩睜開眼睛。

八、把蒲團放在冰箱前面

壓力大、想遠離負能量時，請藉由以下策略抵擋大吃大喝的欲望。

在冰箱前面擺上打坐用的蒲團。每次想大吃大喝，蒲團帶來的視覺線索可以阻止你打開冰箱門，提醒你現在該做的事是冥想，穩住心神。不要伸手拿食物，坐在蒲團上，閉上眼睛，呼吸數次，穩住自己的能量。溫和地問自己，是什麼原因讓你很想吃東西。主管欺人太甚？感到焦慮？去一趟購物中心累了？在心中找出原因，溫柔地對待自己。萬一就是很想吃東西，想像從頭頂到腳趾，有一股愛的能量流過體內，讓愛的神聖感受化解你的恐懼，帶走不安。愛很溫暖，可以滋養身心。請一直回到這種療癒的感受，告訴自己沒什麼好怕的。你有足夠的力量，用冥想穩住自己的能量。深深地吸氣、吐氣，一切都會沒事的。

九、找出與表達你的情感需求

瞭解自己的需求，並且有辦法說出來，對共感人而言是很強大的自我保護方式。你將有能力盡全力投入一段關係。如果感覺事情不對勁，可以和對方討論，不要一個人默默承受。替自己發聲等同於找到力量。默不作聲只會讓你在一段感情中感到疲憊、焦慮，不被當成一回事，基本需求沒被滿足。多數人不會讀心。為了自己好，你要把話說出口。接下來的練習可以協助你發聲。

緩緩地規律呼吸，使心靜下來。傾聽內心，感受被聽見的喜悅。放鬆之後，打開內心，在心中自問：有哪些事是我害怕開口要求，但我在一段感情中需要那些東西？我希望別人一定要照顧到我敏感的哪一面？怎麼樣才會讓我和這個人在一起時，感到最自在？提出任何你想到的問題，靠直覺找出答案，不要試圖用理智推演。聽從你的身體，聆聽身體給的訊號，讓頓悟的感受與直覺的答案冒出來。特別留意讓你感到充滿力量、受到保護的答案。

保持開放的心胸，不要篩選答案。你希望多一點獨處或安靜的時光嗎？你希望偶爾自己睡嗎？你想和另一半多出去玩、多聊天、多一點性愛？你想在滿月下和伴侶共舞？讓你的直覺湧現，不要批判，找出真正的感受。沒什麼好丟臉的，沒必要壓抑。

好好重視身為共感人的需求，溫柔接受自己所有不同於他人的性格與敏感天性，讓美好的感受鼓勵自己真誠面對自己。找出什麼事會讓自己舒服或不舒服，尊重自己，拒絕負能量。完成問答後，靜靜坐幾分鐘，享受處於好心情的感受。

十、遵守不大吼大叫的原則

共感人受不了吼叫與大聲說話，家中要遵守不大吼大叫的原則，和習慣亂發脾氣的人訂好規則。我們的伴侶與朋友，必須同意避免在我們身邊吼叫。我為了保護自己，在家嚴格執行這條規定。人們可以用不吼叫的健康方式，表達自己的不高興。曾有共感人告訴我：「我受不了身邊有爭執。我的身體會感受到怒意，就好像我被打了一樣。如果我得跟別人大吼大叫，我會好幾天都感到精疲力竭。」此外，避免在孩子面前吵架，孩子常常誤以為是自己害爸媽吵架。

十一、別讓自戀狂傷害你

自戀狂以為整個世界都要繞著他們打轉，自以為很重要，自以為是，隨時都要成為注意力的焦點，需要別人無止境地讚美他們。自戀狂可能擁有非常強的直覺，但他們把直覺當成操控他人、達成目標的工具。請利用以下策略保護自己，遠離自戀狂：

- **不要期待自戀狂能理解別人的感受。**
- **不要讓自己被操縱。**
- **不用期待自戀狂會尊重你的敏感天性，他們極度冷酷無情。**
- **不要愛上自戀狂：**不論你感受到多強烈的吸引力，快逃。
- **避免替自戀狂老闆工作：**要是走不了，不要讓自尊被老闆的反應箝制。
- **和自戀狂溝通的唯一方法，就是滿足自戀狂的自大心理：**提出請求時，說出那對自戀狂會有什麼好處。這是唯一能和自戀狂溝通的方法。舉例來說，如果你想請幾天假，參加和工作相關的大會，那就告訴老闆：「這場大會將讓您的事業如虎添翼」，而不是「我會不在辦公室」。若要順利溝通、達成想要的結果，方法就是讓自戀狂明白，你想做的事對他們有利。
- **結束與自戀狂的孽緣（或是任何你想斬斷關係的人），方法是完全斷絕來往：**不要再聯絡，永遠不要回頭。此外，你可以運用以下切斷臍帶的想像練習，以及薩滿的「感恩結束」技巧：

◆**切斷臍帶的想像練習：**在冷靜的狀態下，想像有一條光索連結著你們兩人。對著你從這段關係學到的事，在心中說「謝謝」，就算那是一場血淚史。接下來，用堅定的語氣說出：「現在是完全切斷我們之間連結的時候。」想像自己拿著一把剪刀，完全剪斷那條光索，再也不被那條能量索綁住。這個想像過程可以協助你放手，釋放對方在你身上殘留的能量。

◆ **舉行感恩結束儀式**：利用薩滿信仰的作法，放開一段關係，尤其是如果你一直想著對方，或是感應到對方在想你。走進大自然，找一根大樹枝，看著樹枝說：「這段關係結束了。」接著把樹枝折成兩半，把斷掉的樹枝留在地上，走開，不要回頭，完成切斷關係的儀式。

十二、面對憤怒狂時，要保護自己

憤怒狂用控訴、攻擊與控制他人來解決衝突，通常以吼叫的方式說出心聲。憤怒狂在最親的人面前，最是肆無忌憚。請利用以下策略保護自己：

- **讓憤怒狂知道，你聽見了**：接下來，等對方冷靜下來，再提議雙方好好解決問題，告訴對方：「我想幫你，但你處於這種狀態時，我很難聽懂你要什麼。」不要和他們一起大吵大鬧。
- **約定好「不吼叫」原則**：在你身旁不能亂叫。解決衝突不一定要大喊大叫。

- **保持冷靜：**被激怒時，不要吼回去。衝動的反應只會使你疲憊，雪上加霜。
- **如果對方不肯停止吼叫，自己離開現場，或要求對方離開。**
- **被激怒時暫停一下：**數到十，中場休息，停下「戰或逃」反應。冷靜下來之後，再回應他人的憤怒，要不然對方會把更多怒氣發洩到你身上。
- **不論採取何種形式的溝通，都要收斂自己的情緒，包括簡訊、電子郵件、電話：**選擇要和對方對話時，掌控自己的情緒。

十三、遠離受害者

帶有受害者心態的人，覺得「全世界都對不起我」，共感人會因為這種態度感到心力交瘁。「受害者」的人生碰到問題時，不認為自己有責任。共感人經常溫柔地照顧表現得像是受害者的人，試圖替他們解決問題。請利用以下方法與那樣的人設立界限，避免變成共依存症，掉進陷阱，忙著照顧或安慰他們。

- **設下具備同情心、但清楚的界限：**我們態度溫和時，別人比較能聽進我們說的話。
- **運用「三分鐘電話法」：**聽親朋好友說一下話，接著告訴他們：「我支持你，但如果你一直講同樣的事，我頂多只能聽幾分鐘。或許你該找治療師協助你。」

• **面帶微笑拒絕：**例如對方如果是同事，你可以帶著微笑告訴對方：「我會保持正面的心態，期待最好的結果。不好意思，我還有東西要趕，得回去做事了。」如果是親友，針對他們的問題，說幾句話表達同理心，接著就改變話題，委婉地拒絕討論下去。不要鼓勵他們繼續抱怨。

• **用肢體語言設下界限：**交叉雙臂，移開視線，暗示對方你在忙，不要縱容他們。

十四、小心小題大作型的人

這類型的人拋出太多的資訊與刺激，共感人負荷不了。喜歡小題大作的人，只要別人有反應，就會更起勁，但只要我們不隨之起舞，他們會覺得沒意思。堅持你的態度，他們很快就會感到無趣，改找下一個受害者。以下是幾個基本原則：

• **不要問他們過得好不好：**你不想知道。

• **一旦他們搬出那套戲碼，深呼吸，冷靜：**不要陷進他們的故事。

• **設定溫和但堅定的界限：**譬如，告訴一直用誇張的理由放你鴿子的朋友：「怎麼會發生這種事，真是太不幸了，我看我們就不要重約時間。等過一陣子你狀況比較好，有辦法出門了，我們再約。」設定界限，把話說清楚，以免強化對方的行為。

十五、小心控制狂與愛批評的人

控制狂及愛批評的人，覺得自己有資格指導你。不論你想不想聽他們的意見，他們照講不誤。不請自來、喋喋不休的建議會消耗共感人的精力。請利用以下建議，遠離那樣的互動：

- **強勢一點：**不必規勸這類型的人，他們只會替自己辯護。告訴他們：「你的意見很寶貴，但我要自己想一想該怎麼辦。」
- **客氣地要求對方不要再批評你：**態度保持堅定，心情不要受影響，不要扮演受害人的角色。
- **留意自己的反應：**如果你在那種人身旁感到自卑，找出是什麼事讓你沒自信心，把注意力放在解決那些問題上：你愈有安全感，這類型的吸血鬼就愈傷不到你。

十六、別讓說個沒完的人消耗自己的精力

長舌的人會使人喪失活力，尤其是共感人。共感人是很好的傾聽者，我們常犯的錯，就是忍耐喋喋不休的人太久，使自己疲憊不堪。請利用以下策略保護自己：

- **非口頭的暗示沒用，長舌型的人沒感覺：**拿出不耐煩或焦躁的樣子，不會有效果，你必須打斷他們，再難開口也得開口。
- **雖然你眞的很想說：「閉嘴，你快要把我逼瘋了。」這種話只會惹惱對方，讓對方萌生防衛心：**微笑，以和善的態度藉故離開。你可以告訴對方：「不好意思，我打斷一下，但我得和派對上的其他人說話」或「我有事，先走了」。我常用的禮貌藉口是：「我去一下洗手間。」
- **利用幽默感：**如果是很熟的人，你可以開玩笑：「時間正在滴答滴答地流逝。」有一次我講太久，好友就是用這句話提醒我。

十七、如果碰上消極反抗型的人

消極反抗型的人不會吼叫，而是帶著微笑表達自己的憤怒，粉飾太平，傳遞矛盾的訊息，不過共感人直覺就感受到他們笑裡藏刀。以下策略可以保護你遠離此類行為：

- **相信自己：**不要懷疑自己對消極反抗者的反應，他們把憤怒藏得很深。請相信你的直覺。
- **認出這種行爲模式，和對方談談他們的行爲。**

- **一次解決一個問題，消極反抗型的人就不會覺得你在攻擊他們：**舉例來說，你需要有人幫忙，朋友一直說「好」，卻始終沒做到，用不帶情緒的語氣告訴他們：「如果沒辦法的話，真的沒關係。」然後看他們如何回應。他們可能會說：「抱歉抱歉，我雜事太多了，我來幫忙了。」看看他們的行為是否真的有所改變。如果還是和以前一樣，你可以再提一遍，或是乾脆接受這是一個靠不住的人，不要再請他們幫忙。
- **如果得不到直接的答案，請對方說明自己的立場：**針對對方的行為，找出解決辦法和消極反抗者把話講開，可以逼他們表明立場。

十八、情緒宿醉處理法

共感人即便努力保護自己，依舊很容易碰上「情緒宿醉」，也就是與能量吸血鬼互動後殘留在體內的負能量。有毒的情緒有可能一直留存，讓你感到疲憊、生病、腦袋模糊，需要時間才能恢復。不妨試一試以下處理宿醉症狀的方法。

- **做淋浴冥想：**淋浴時，站在灑水的蓮蓬頭下，說出以下的禱詞：「請讓水洗淨我身心靈中所有的負能量。」感受不斷降下的清水洗滌你，使你神清氣爽，恢復精神。
- **借助寶石的力量：**隨身攜帶水晶吸收地氣，去除情緒宿醉。可以試試黑碧璽、紫水晶、黑曜石。薩滿教認為人攜帶或穿戴黑色，將受到保護。

- **在屋內燒香：**在美洲原住民文化中，燃燒草藥或帶香氣的植物，可以淨化一地滯留的負能量。這個方法的名稱是「煙燻」。我喜歡燒茅香，美好的氣味在空氣中流動時，我感到自己女性的一面得到滋養。鼠尾草也很有效。我平日也會撿柏樹、尤加利、杜松的小樹枝回家燒。各位可以實驗一下，看自己喜歡哪種植物氣味。
- **使用負離子產生器或鹽燈：**此類裝置可以產生負離子，清除空氣中的灰塵、黴菌孢子、花粉、氣味、菸味、細菌與病毒，還能帶走殘留的負能量。淋浴時流動的水流也能產生負離子。
- **點白蠟燭：**可帶來冥想的心情，快速驅散周遭令人不舒適的氣。白色包含光譜中所有的顏色，可以帶來安詳寧靜的氣氛。
- **灑玫瑰水或利用芳香療法的其他香氣：**玫瑰水細緻的香味令人心曠神怡，特別能撫平情緒宿醉。如果想利用精油的香氣，可以使用芳療法的精油噴霧器，讓空氣中散布芬芳香氣。試試薰衣草、綠薄荷、杜松、鼠尾草、乳香或沒藥，感受香氣淨化能量與房間的美好感受，但記得不要使用人工合成精油，因為成分中含有毒性。
- **走進大自然：**擁抱樹木，光腳踩在地上，讓自己接地氣。享受花帶來的喜悅情緒，握一顆石頭在手中，呼吸新鮮空氣，治療情緒宿醉。大自然純淨的力量可以讓你神智清明，改善情緒。

- **布置神聖的冥想空間：**在安靜角落的桌上，擺放蠟燭、薰香、鮮花，以及聖像（如慈悲的觀音）。在神聖的空間冥想，累積正能量，有助於治療情緒宿醉。
- **尋求情緒支持：**如果有毒互動帶來的負能量一直不散，例如你有個自戀狂老闆或愛批評的另一半，你可能需要額外的協助。和朋友或治療師聊一聊，說出不舒服的感覺，驅散遺留的負能量。

十九、給媽媽的冥想練習：感受內在的女神

我建議媽媽們（包括懷孕中的女性）每天利用以下的冥想練習，享受腦內啡帶來的好處，不論精神、情緒或身體都感到祥和。此外，接下來的冥想還能帶來由正能量形成的保護罩。

緩緩深呼吸五分鐘，把手放在心臟的位置，讓心中充滿愛意，感謝自己能當母親，體驗為人父母帶來的暖意、連結、祝福與感恩之情。母親的照顧出自深深的愛意。感受體內「母親女神」的力量。母親女神是妳的一部分，以一股神祕的力量連結著大地，以及所有的自然循環。許多古文化都崇拜母親女神。請感受她的原始力量，感謝她存在於妳體內。

二十、協助孩子調降壓力指數

傳授共感兒以下的想像練習，教他們在感到感官超載時，打破壓力循環。共感兒在家中、學校或是和朋友在一起時，都可以做這個練習。這個方法是所有共感兒的基本工具。

告訴孩子，想像在面前的桌上，有一個大大的儀表板，上頭有刻度，最左邊是「十」，最右邊是「〇」。目前指針指著「十」。想像自己慢慢撥那個指針，從「十」開始，朝順時鐘方向撥到右邊，數字愈變愈小，直到指著「〇」：十、九、八、七、六、五、四、三、二、一。一邊撥，一邊感到愈來愈輕鬆。你釋放了壓力，減少不安的感受。指針指到「〇」的時候，你感到鎮定與開心。

孩子如果年齡太小，沒辦法想像儀表板，你可以畫一張圖，要孩子指著自己的壓力值，接著和他們一起慢慢數，一直數到「〇」。

二十一、在工作時設下能量界限

共感人會吸收身旁的壓力，工作時通常不舒服。辦公空間可能嘈雜，充滿過度的刺激。萬一身處情緒容易起伏或擁擠的環境，以下建議可以協助你保護自身的能量，升起令人安心的保護罩。

- **如果身處開放空間或混亂辦公室**，可以擺放植物，或是家人／寵物的照片，圍住自己的桌子，設下心理界限。
- **擺放聖物**：設置觀音像、聖方濟各像、佛像、聖珠、水晶等，都能設下能量界限。
- **休息一下**：上一下廁所，或到外頭吸收新鮮空氣。
- **抗噪耳機（耳塞式或耳罩）**可以隔絕對話與惱人的聲音。
- **想像**一個發亮的金蛋罩著你的辦公桌，趕走負能量。你在這顆金蛋內永遠安全，受到保護。

二十二、如何停止吸收病患的情緒

共感人要如何追尋自己治療人們的天命，又不會生病、疲憊、接收病患的症狀？接下來的自救法，將協助各位穩定情緒，保持頭腦清醒，各類型的健康照護專業人員在工作時都能受益。

- **調整自己的心態**：不要成為烈士。你的職責是引導病患，不是接收病患的痛苦，也不是幫病患解決痛苦。清楚意識到這一點後，就會更享受工作，也更能勝任。
- **找出你和病患之間三個明顯不同之處**：這個好方法可以協助各位避免在治療過後，

因為感同身受而沉溺於病患的情緒與痛苦中。例如你可以舉出：我是女性，病患是男性；病患感到憂鬱，我沒有憂鬱；我吃素，病患吃肉。這個方法可以提醒大腦你是你，病患是病患，設下界限可以避免吸收不好的氣。

- **不要試著替別人解決問題**：復原得靠自己。你可以協助病患痊癒，但他們必須自己做出必要的改變，才可能擺脫痛苦。
- **小心不要演變成共依存症**：別人會不會改善，不是你的責任。人們會按照自己的步調改變，而不是按照你的步調。當然，你會同情一再受苦的病患。你要盡最大的力量引導他們，但他們能否成長與克服障礙，不是你的責任。
- **你自己的問題也要解決**：我們內心尚未解決的問題，將使我們更容易吸收到相關的負能量。病患引發你的情緒時，用心留意發生了什麼事。問問自己：「這個人碰上的問題，是否也是我自己需要治療的問題？」找出是什麼事刺激到你。憂鬱？害怕被拋棄？擔心被拒絕？親密感問題？集中精神解決內心的相關問題後，就不會那麼輕易吸收到相同的症狀。各位可以參加治療師同仁組成的督導團體，或是和自己的治療師談一談工作時遇到的案例，看看是哪些事情觸發了你的情緒。

二十三、美洲豹冥想

我建議各位做以下的冥想，召喚美洲豹的力量來保護自己。我需要額外的保護時會做這樣的冥想，尤其是一下子冒出太多負能量的時刻。美洲豹是耐性十足的強大守護者，可以趕跑有毒的能量與吸血鬼。

找一個不受干擾的安靜環境，以舒服的姿勢坐下，深呼吸數次，凝神，釋放壓力。在鎮定的狀態下，從心底深處召喚美洲豹的靈，請牠保護你。感受美洲豹的靈進入內心，想像這頭美麗強大的生物巡視你的能量場，將之包圍，保護著你，逐出所有的入侵者與負面力量。想像那頭美洲豹的模樣，牠有著美麗、忠心、慈愛的雙眼，全身毛皮亮麗有光澤，以優雅的姿態果斷踏出每一步。牠看護著你的四周，讓你感到安心。

結束冥想時，對著內心的美洲豹說謝謝。曉得自己有需要的話，隨時可以召喚牠，感受牠的力量。緩緩睜開眼睛，引導自己回到當下的時空，完全回到自己體內，留心關注四周的環境。

二十四、避免直覺超載的訣竅

直覺共感人的奇妙之處，在於能夠探索非線性的領域，但也會碰上挑戰，要小心別被太多資訊壓垮。記得利用各種接地與穩住身心的方法，對自己的天賦保持謙卑的態度，就能透過直覺造福所有人。

- **與內心的聲音對話**：你永遠可以請內心的聲音慢下來，休息一會，找出比較舒服的韻律。直覺不一定是憑空出現，你也可以主動尋求與直覺連結。
- **培養「靜觀」狀態**：各位有感應的時候，試著保持中立的態度。在很多時候，共感人只扮演靜觀者的角色——古時候的先知明白，靜觀是一種神聖的任務。各位可能感到困惑：為什麼要讓我感知到死亡、疾病或其他痛苦的情境？如果我阻止不了，預先知道又能怎樣呢？記住，**觀**看本身就能帶來光。有時事情不該由你插手，你也沒有能力介入，但碰上那樣的狀況時，你可以替人們高舉著光，為人們送上祝福。這是一項神聖的任務，以神奇的方式支撐人們的心靈。
- **別人的業，不是你的責任**：隨時提醒自己，每個人都有自己的路要走。你直覺感應到的事，不代表就是你的責任。那是不必要的責任感。
- **想像亮光**：想像自己頭上的頂輪發出神聖白光，黑暗從腳底下流走。讓正能量在體內流通，釋放有害能量，就不會有超載的問題。

成立社群

建立自己的共感支持團體

共感人在其他慈愛的敏感人士身旁會活躍起來，被「看見」，被理解。志同道合的團體能讓共感人渡過難關，成長茁壯。不論要成立多少人的社群都可以，可以只有幾人，也可以是一個大社群，重點是有了彼此的支持，團體中每一位成員的共感力都能有所成長，走過艱困的時刻，安心地敞開胸懷，體驗更多喜悅。

成立共感支持團體的原則

- **會員制度：**決定你要採取邀請制或對外開放。
- **地點：**最好的聚會場所包含私人住所、安靜建築物內的會議室、公園的寧靜地帶。
- **聚會時間與頻率：**和成員確認最理想的時間，例如每週一次、兩個月一次，或是每個月一次，一次六十至九十分鐘。

- **團體人數：**二至五十人以上都可以。決定是否要限制人數。
- **擬定短期的使命宣言：**明言聚會的目的是討論共感議題及解決之道，小心不要變成「互憐大會」。我的網站提供使命宣言的範本，請見：https://drjudithorloff.com的「Empath Support」（共感支持）。
- **推薦閱讀書單與有聲書：**聚會時可以討論本書與姐妹有聲書《共感人的基本工具》。此外，也可以參考本書最後的參考閱讀書單。

可能的聚會形式

選項一

- 由一位成員自願擔任一至六個月的主持人，負責領導事務。
- 每次聚會前，由主持人出面邀請團員或外面的人士擔任講者，分享身為敏感人士的經驗，以及解決問題的方法。
- 由主持人歡迎大家參加這次聚會，一同宣讀使命宣言。
- 成員進行兩分鐘的團體冥想，靜下心來釋放壓力，準備迎接今日的聚會。

- 講者朗讀本書大約三頁的段落，或是播放有聲書《共感人的基本工具》的一節給大家聽，接著由講者花十分鐘討論這次的主題。
- 接下來，開放大家分享今日的主題，每人的發言時間限制在三至五分鐘，不要你一言、我一語。
- 分享過後，花五分鐘時間，大家一起做本書或有聲書中的一個練習或冥想單元。
- 主持人指定一位成員，朗讀書中一則共感人宣言，結束這次的聚會。

選項二

成立共感讀書會。每次聚會前，大家先閱讀本書的一個段落，或是聆聽有聲書《共感人的基本工具》的某個章節。聚會時一起討論內容。

謝辭

我萬分感謝眾多人士，他們支持我寫作，也包容我的共感人性格。我卓越的經紀人理查・潘恩（Richard Pine）是我最大的支持者，能力超群的蘇珊・戈蘭（Susan Golant）花很大力氣替我細心地編輯。我的助理朗達・布萊恩（Rhonda Bryant）是神，除了是我討論想法的對象，也是我的朋友兼薩滿。科瑞・佛森（Corey Folsom）是我親愛的伴侶、盟友兼知己。博瑞尼絲・格拉斯（Berenice Glass）是我的好友與鏡子，協助我去愛人，以更深刻的方式成長。洛林・羅奇（Lorin Roche）與卡蜜兒・莫靈（Camille Maurine）是我的朋友，也是寫作同伴：我喜歡跟妳們兩個一起玩耍，在沙灘上散步，單純享受在彼此身邊的友愛時光。

我要特別感謝「真實之音」出版社（Sounds True）的傑出團隊：塔米・賽門（Tami Simon）、海文・艾維森（Haven Iverson）、珍妮佛・布朗（Jennifer Brown）、蜜雪兒・克魯特（Mitchell Clute）、溫蒂・加德納（Wendy Gardner）、琦拉・羅亞克（Kira Roark）、莎拉・葛瑞琦（Sarah Gorecki）、克麗絲汀・戴伊（Christine Day）、格雷欽・戈登（Gretchen Gordon）。

此外，眾多親友給我靈感，分享自己的故事，提供本書難得的素材，我在此一一致謝：Ron Alexander、Margo Anand、Barbara Baird、Jim Benson、Barbara Biziou、Ann Buck、Laurie Sue Brockway、Ram Dass、Lily and David Dulan、Felice Dunas、Peter Erskine、Susan Foxley、Victor Fuhrman、Pamela Kaplan、Laura Greenberg、Sandra Ingerman、Reggie Jordan、Mignon McCarthy、Dean Orloff、Maxine Orloff、Meg McLaughlin-Wong、Cathy Lewis、Liz Olson、Dr. Richard Metzner、Charlotte Reznick、Al Saenz、Rabbi Don Singer、Leong Tan、Josh Touber、Mary Williams。

我的病患與工作坊成員也幫上很大的忙，我從他們身上學到許多東西。為了保護他們的隱私，書中使用化名，也更改了身分細節。此外，我也要感謝我的臉書共感支持社群（Facebook Empath Support Community）近六千位的成員，他們勇敢當共感人，運用敏感天賦，讓自己的人生和世界更美好。

註釋

第1章

1. "Sensitive? Emotional? Empathetic? It Could Be in Your Genes," Stony Brook Newsroom (June 2014): sb.cc.stonybrook.edu/news/medical/140623empatheticAron.php.
2. Lea Winerman, "The Mind's Mirror," *American Psychological Association Monitor on Psychology* 36, no. 4 (October 2005): 48, apa.org/monitor/oct05/mirror.aspx.
3. Rollin McCraty, Mike Atkinson, Dana Tomasino, Raymond Trevor Bradley, "The Coherent Heart: Heart-Brain Interactions, Psychophysiological Coherence, and the Emergence of System-Wide Order," *Integral Review* 5, no. 2 (December 2009): heartmathbenelux.com/doc/McCratyeal_article_in_integral_review_2009.pdf.
4. Elaine Hatfield, Richard L. Rapson, Yen-Chi L. Le, "Emotional Contagion and Empathy," *The Social Neuroscience of Empathy* (March 2009): doi:10.7551/mitpress/9780262012973.003.0003.

5. Thomas Levy, "Altering Brain Chemistry Makes Us More Sensitive to Inequality," *Berkeley News* (March 2015): news.berkeley.edu/2015/03/19/dopamine-inequality/.
6. Michael J Banissy, Jamie Ward, "Mirror-Touch Synesthesia Is Linked with Empathy," *Nature Neuroscience* 10 (2007): 815–816, nature.com/neuro/journal/v10/n7/full/nn1926.html; Thomas J. Palmeri, Randolph B. Blake, Ren Marois, "What is synesthesia?" *Scientific American* (June 2002): scientificamerican.com/article/what-is-synesthesia/.

第2章

1. Dominik Mischkowski, Jennifer Crocker, Baldwin M. Way, "From Painkiller to Empathy Killer: Acetaminophen (Paracetamol) Reduces Empathy for Pain," *Oxford Journals: Cognitive and Affective Neuroscience* (May 2016): doi:10.1093/scan/nsw057.

第6章

1. Erika M. Manczak, Anita DeLongis, Edith Chen, "Does Empathy Have a Cost? Diverging Psychological and Physiological Effects within Families," *Health Psychology* 35, no. 3 (March 2016): 211–218, doi:10.1037/hea0000281.
2. Sarina M. Rodrigues, Laura R. Saslow, Natalia Garcia, Oliver P. John, Dacher Keltner, "Oxytocin Receptor Genetic Variation Relates to Empathy and Stress Reactivity in Humans," *Proceedings*

of the National Academy of Sciences 105, no. 50 (December 2009): 21437–21441, doi: 10.1073/pnas.0909579106.

3. Diana Divecha, "Is Empathy Learned—Or Are We Born with It?" *Developmental Science* (December 2012): developmentalscience.com/blog/2012/12/02/is-empathy-learned-or-are-we-born-with-it; Alison Gopnik, " 'Empathic Civilization': Amazing Empathic Babies," The Huffington Post (April 2010): huffingtonpost.com/alison-gopnik/empathic-civilization-ama_b_473961.html; Daniel Goleman, "Researchers Trace Empathy's Roots to Infancy," *New York Times* (March 1989): nytimes.com/1989/03/28/science/researchers-trace-empathy-s-roots-to-infancy.html?pagewanted=all.
4. Janet L. Hopson, "Fetal Psychology: Your Baby Can Feel, Dream, and Even Listen to Mozart in the Womb," *Psychology Today* (September 1998): psychologytoday.com/articles/199809/fetal-psychology.
5. Janet A. DiPietro, Sterling C. Hilton, Melissa Hawkins, Kathleen A. Costigan, Eva K. Pressman, "Maternal Stress and Affect Influence Fetal Neurobehavioral Development," *Developmental Psychology* 38, no. 5 (September 2002): 659–668, doi:10.1037//0012-1649.38.5.659.
6. Tobias Grossmann, Tricia Striano, Angela D Friederici, "Infants' Electric Brain Responses to Emotional Prosody," *NeuroReport* 16, no. 16 (November 2005): 1825–1828, doi: 10.1097/01.wnr.0000185964.34336.b1; Ashik Siddique, "Parents' Arguing in Front of Baby Alters Infant Brain Development," *Medical Daily* (March 2013): medicaldaily.com/parents-arguing-front-baby-alters-infant-brain-development-244769.

第7章

1. Nora D. Volkow, Dardo Tomasi, Gene-Jack Wang, Paul Vaska, Joanna S. Fowler, Frank Telang, Dave Alexoff, Jean Logan, Christopher Wong, "Effects of Cell Phone Radio Frequency Signal Exposure on Brain Glucose Metabolism," *Journal of the American Medical Association* 305, no. 8 (February 2011): 808–813, doi:10.1001/jama.2011.186.
2. Elaine Hatfield, Richard L. Rapson, Yen-Chi L. Le, "Emotional Contagion and Empathy," *The Social Neuroscience of Empathy* (March 2009): doi:10.7551/mitpress/9780262012973.003.0003.

第8章

1. Michael Forrester, "Increasing Solar Activity and Disturbances in Earth's Magnetic Field Affect Our Behavior and Increase Our Health," *The Mind Unleashed* (September 2014): themindunleashed.org/2014/09/increasing-solar-activity-disturbances-earths-magnetic-field-affect-behavior-increase-health.html; Jacqueline Marshall, "Solar Flare: The Sun Touches Our Psyche," *Washington Times* (March 2012):washingtontimes.com/news/2014/dec/31/solar-flare-sun-touches-our-psyche/; R.W. Kay, "Geomagnetic Storms: Association with Incidence of Depression as Measured by Hospital Admission," *The British Journal of Psychiatry* 164, no. 6 (March 1994): 403–409, doi:10.1192/bjp.164.3.403.

參考閱讀書單（如有中文版，後附中文版書名）

1. Aron, Elaine. *The Highly Sensitive Person: How to Thrive When the World Overwhelms You*. New York: Broadway Books, 1997.
（伊蓮・艾融，《高敏感族自在心法》）

2. Aron, Elaine. *The Highly Sensitive Person in Love: Understanding and Managing Relationships When the World Overwhelms You*. New York: Harmony, 2001.
（伊蓮・艾融，《啟動高敏感的愛情天賦》）

3. Aron, Elaine. *The Highly Sensitive Child: Helping Our Children Thrive When the World Overwhelms Them*. New York: Harmony, 2002.
（依蓮・艾倫，《孩子，你的敏感我都懂》）

4. Beattie, Melody. *Codependent No More: How to Stop Controlling Others and Start Caring for*

Yourself. Center City, MN: Hazelden, 1986.
（梅樂蒂・碧媞，《每一天練習照顧自己》）

5. Borba, Michele. *UnSelfie: Why Empathetic Kids Succeed in Our All-About-Me World*. New York: Touchstone, 2016.
（蜜雪兒・玻芭，《我們都錯了！同理心才是孩子成功的關鍵》）

6. Bradshaw, John. *Healing the Shame That Binds You*. Deerfield Beach, FL: Health Communications, 1988.

7. Cain, Susan. *Quiet: The Power of Introverts in a World That Can't Stop Talking*. New York: Broadway Books, 2013.
（蘇珊・坎恩，《安靜，就是力量》）

8. Chödrön, Pema. *When Things Fall Apart: Heart Advice for Difficult Times*. Boulder, CO: Shambhala Press, 1996.
（佩瑪・丘卓，《當生命陷落時》）

9. Eden, Donna, and David Feinstein. *Energy Medicine: Balancing Your Body's Energies for Optimal Health, Joy, and Vitality*. The Penguin Group, 2008.
（唐娜・伊頓、大衛・費恩斯坦，《能量醫療》）

10. Naparstek, Belleruth. *Your Sixth Sense: Unlocking the Power of Your Intuition*. San Francisco: Harper One, 1997.
（蓓兒羅絲．納柏絲蒂，《超感官之旅》）

11. Ram Dass. *Be Here Now*. New York: Crown Publishing Group, 1971.

12. Salzberg, Sharon. *Lovingkindness: The Revolutionary Art of Happiness*. Boulder, CO: Shambhala Publications, 1995.

13. Tolle, Eckhart. *The Power of Now*. Vancouver, BC: Namaste Publishing, 1997.
（艾克哈特．托勒，《當下的力量》）

14. Vitale, Joe and Hew Len, Ihaleakala. *Zero Limits: The Secret Hawaiian System for Wealth, Health, Peace, and More*. New York: Wiley, 2007.
（喬．維泰利、伊賀列卡拉．修．藍，《零極限》）

15. Zeff, Ted. *The Strong, Sensitive Boy*. San Ramon, CA: Prana Publishing, 2010.

國家圖書館出版品預行編目資料

共感人完全自救手冊：避免感官超載，學會自我修護，全心擁抱「感同身受」的獨特能力 / 茱迪斯・歐洛芙（Judith Orloff）著；許恬寧譯. -- 初版. -- 臺北市：大塊文化, 2018.10

面；　公分. --（smile ; 158）

譯自 : The empath's survival guide : life strategies for sensitive people

ISBN 978-986-213-919-6（平裝）

1. 人格特質　2. 自我實現

173.7　　107015088